유리멘탈을 위한 심리책

유리멘탈을 위한 심리책

미즈시마 히로코 지음
전경아 옮김

갤리온

프롤로그

상처투성이 세상에서 다치지 않고
나를 지키기 위하여

이 책은 깨지기 쉬운 유리처럼 쉽게 충격을 받는 사람들을 위해 썼습니다. 다른 사람들보다 더 예민하여 작은 일에도 금방 마음의 중심을 잃고 불안, 짜증, 쓸쓸함 같은 감정에 휘둘리는 사람들을 위해서요. 혹시 당신도 아래와 같은 경험을 한 적이 있지 않나요?

* '왜 아까 그렇게 말했을까?'라고 후회하며 자책한다.
* SNS에 올린 게시물에 친구가 빈정대는 댓글을 달아놓으

면 하루 종일 신경이 쓰인다.

* 상사에게 질책을 들으면 모든 업무에서 손을 떼고 싶을 정도로 기분이 안 좋다.

* 누군가의 조언을 들으면 기분이 나쁘고 우울하다.

* 승승장구하는 친구의 소식을 들으면 불안함이 커진다.

* 다른 사람이 나를 어떻게 생각하는지 지나치게 의식한다.

* 중요한 일을 앞두고 있으면 몹시 초조하고 두렵다.

이 책을 집어든 당신에게 해당되는 이야기가 하나쯤은 있을 것 같습니다. 혹은 전부 다 자신의 이야기를 하는 것 같아서 뜨끔할지도 모르겠습니다. 하지만 자신의 이런 모습을 너무 나쁘게 생각할 필요는 없습니다. 남을 배려하는 성향이 강하고 뭐든지 열심히 노력하고 잘 해내고 싶은 사람일수록 여기저기에 마음을 쓰게 되는 거니까요.

이런 사람들은 모든 것에 일일이 신경 쓰지 않는 여유로운 마음을 갖고 싶다고 말합니다. 그런데 이런 바람을 이루는 것은 생각보다 간단한 일입니다. 우리에게는 사실 여유 있는 모습이 가장 자연스럽기 때문입니다. 여유가 없을 때는 마음이 나쁜 감정으로 완전히 뒤덮여 있는 상태입니다. 마음을 뒤덮고 있는 한 겹의 꺼풀만 벗겨내도 '어떤 일에도 아랑곳하지 않는 마음'을 손에 넣을 수 있습니다.

저는 인간의 마음은 본래 강하면서도 유연하다는 점을 강조하고 싶습니다. 물론 인간은 살아 있는 생물이라서 체력에 한계가 있고 휴식도 필요합니다. 지치면 이래저래 일이 마음대로 되지 않습니다. 하지만 우리 마음속에 숨겨진 힘은 무한합니다. 그 힘은 아무리 많이 쓴다고 해도 닳아서 줄어들지 않죠. 힘은 충분합니다. 마음에 어떤 충격이 오든 만반의 준비를 하고 기다리면 된다는 이야기입니다.

이렇게 말해도 마음이 너무 힘들 때가 있을 겁니다. 어떤 일에도 여유가 없고 무언가에 쫓기는 듯한 느낌이 들 때도 있을지 모릅니다. 그럴 때는 우리의 마음이 불안에 사로잡혀 본래의 힘을 충분히 발휘하지 못합니다. 하지만 여러분의 마음은 여전히 강하고 유연한 상태로 그 자리에 있습니다. 그런데

조바심을 내고 끙끙 앓으며 고민하는 등 부정적인 기분이 들거나 스트레스를 받아 진짜 마음이 겉으로 드러나지 않는 것입니다. 그럴 때 '이래서는 안 돼. 이럴수록 더 밝은 척해야 해'라고 생각하면 마음이 더 괴로워집니다. 무작정 '그만 신경 쓰자'라고 생각하며 걱정거리를 덮어버리면 오히려 역효과가 나기도 합니다. 충격을 받아 마음이 다쳤음을 인정하고, 무엇이 자신을 힘들게 했는지를 파악하면 자신의 감정을 더 자유롭게 컨트롤할 수 있습니다.

이 책에서는 수시로 다치는 감정을 어떻게 다뤄야 하는지, 몸과 마음에 늘 평정심을 지니려면 어떻게 해야 하는지를 알려드립니다. 이는 어떤 순간에도 악순환에서 빠져나올 수 있는 효과 만점의 방법입니다. 이 책을 통해 자기 자신과 상대의 마음을 더 깊이 이해하게 되기를 바랍니다. 그러면 더 단단하고 여유로운 사람이 되는 방법을 깨달을 수 있답니다. 저는 정신과 의사로서 마음의 병이 있는 사람을 숱하게 치료하며 그들의 회복을 곁에서 지켜봤고, 여러 활동을 통해 다양한 사람의 마음을 다뤄왔습니다. 그러면서 역시 인간은 본래 강하고 유연한 존재임을 여러 차례 확인했습니다. 물론 질병처럼 개별 대응이 필요한 사례도 있었으나 마음을 다루는 저의 원칙 자체는 어떤 순간에도 변하지 않았습니다.

이 책에서는 어떤 힘든 순간에도 괜찮아질 수 있는 방법을 알기 쉽게 설명하고 있습니다. 부디 이 방법들을 여러분의 것으로 만들기 바랍니다. 독자 여러분이 자신의 감정을 잘 조절하고 더 씩씩하게 빛나기를 진심으로 바랍니다.

미즈시마 히로코

contents

PART 1

유리멘탈을
극복하는 연습

다른 사람들의 평가에
초연한 사람들의 비밀

저 사람은 나를 어떻게 생각할까?

자신이 다른 사람에게 어떻게 보일지를 신경 쓰며 전전긍긍해본 적이 있나요? 사람이라면 누구나 다른 사람의 평가에 초연하기는 쉽지 않을 것입니다. 하지만 유독 타인의 평가에 일희일비하는 타입이라면, 그리고 그것 때문에 쉽게 마음에 상처를 입고 우울해진다면 이 장을 꼭 읽어보기 바랍니다.

다른 사람에게 어떻게 보일지를 신경 쓰기 시작하면 한도

끝도 없습니다. 왜냐하면 다른 사람이 머릿속으로 어떤 생각을 하는지는 내가 머리를 굴려 고민해도 절대 알 수 없는 영역이기 때문입니다. 지금까지 어떤 사람이 나에게 호감을 보이며 잘해주었다고 해서, 그 호의가 앞으로도 쭉 계속된다는 보장은 없습니다. 또 나를 별로 좋아하지 않는다고 느껴서 스스로 위축이 되었던 경우도 나의 착각에 불과할 때가 많습니다. 그 상대는 사실 내 앞에서 그저 긴장하고 있었을 수도, 혹은 그때 주변 사람을 신경 쓸 마음의 여유가 없었을 수도 있습니다. 즉 '다른 사람에게 어떻게 보일까'라는 의문은 누구에게나 정답이 없는 질문이라고 할 수 있지요. 그렇다면 이런 질문에 답을 내리려 노력하며 스트레스를 받는 사람은 어떻게 해야 할까요?

주위를 둘러보면 남을 유난히 의식하는 사람이 있는 반면 남의 생각은 중요하지 않다고 치부하는 사람도 있습니다. 남의 생각을 의식하는 문제는 개인차가 있다는 말입니다. 가령 칭찬을 받아야 자신의 가치를 느끼는 사람에게 타인의 평가는 너무도 중요합니다. 남에게 나쁜 평가를 들으면 자기 자신을 가치 있는 사람이라고 생각하지 못하고 불안을 느끼는 사람들이지요. 이런 사람들은 감정기복이 심하고 자존감이 낮습니다. 다른 사람에게 어떻게 보이느냐가 마음 상태에 직접적인 영향을 미치니 당연한 일이겠지요.

한편 다른 사람에게 어떻게 보이느냐는 어차피 그 사람의 감정일 뿐이며 자신이 어떻게 손쓸 수 없는 일이라고 생각하는 사람도 있죠. 자신의 가치는 남이 어떻게 생각하는지에 따라 달라지지 않는다고 믿는 사람들이죠. 남의 평가에 흔들리지 않는 사람들의 마음에서 힌트를 얻어봅시다.

사람은 저마다 타고난 성질도 다르고 자라온 환경도 다릅니다. 똑같은 걸 봐도 저마다 생각하고 느끼는 법이 다르죠. 내 마음에 든다고 해서 다른 사람의 마음에 들리라는 보장은 없습니다. 따라서 다른 사람의 평가란 단순히 '그 시점에서 느낀 그 사람의 감정'에 불과합니다.

그 사람은 그때 그렇게 생각했구나.

그 이상도 이하도 아니라는 말입니다. 문제는 자신이 그것을 그 이상으로 과하게 받아들이는 경우입니다. 필요 이상으로 과하게 받아들인다는 것은 '상대가 내리는 평가가 내 가치를 정한다'고 생각하는 것과 같습니다.

가령 평소와는 좀 다르게 차려입었을 때 '이상해 보이지 않을까?', '다른 사람은 어떻게 생각할까?'라고 신경을 쓰는 경우가 있습니다. 이는 자신의 패션 센스가 다른 사람의 잣대로 정해진다고 생각하기 때문입니다. 실제로는 상대가 어떻게 생각하는지 전혀 알 수 없으며 심지어 자신의 패션을 평소와 달라진 것을 알아차렸는지조차 모릅니다. 하지만 자신이 평소와 조금 다른 차림을 한 데는 나름의 이유가 있을 것입니다. 오늘따라 조금 다르게 입고 싶었다든지 패션 스타일을 바꾸고 싶었다든지 자기 나름의 이유를 알고 존중해줄 수 있는 사람은 자신밖에 없습니다.

실은 다른 사람의 평가가 신경 쓰이는 이유는 과거로부터 쌓인 '쁘띠 트라우마' 때문입니다. 의학적으로 트라우마라고 하면 과거의 나쁜 경험으로 생긴 외상 후 스트레스 장애를 가리킵니다. 하지만 트라우마라고 이름 붙일 치명적인 경험이 아니더라도 우리는 일상생활 속에서 마음에 생채기가 나는 일을 숱하게 겪습니다.

저는 타인에게 받은 작고 일상적이지만 지속적인 아픔으로 다가오는 상처를 '쁘띠 트라우마'라고 부릅니다. 타인의 비판, 부정적인 평가, 인격 부정 등 다양한 경험을 통해 생기죠. 이런 쁘띠 트라우마가 있으면 다른 사람에게 싫은 소리를 듣지 않으려고 안간힘을 쓰게 됩니다. 빈틈을 보이려고 하지 않고, 상처를 받기 전에 미리 방어적인 자세를 취하는 등 남의 말과 행동에 지나치게 신경 쓰게 되지요.

더 강하고 유연하게 살기 위해서는 자신의 쁘띠 트라우마를 조금씩 치유해야 합니다. 조금 시간이 걸릴지 모르지만 인간은 누구나 자신을 치유하는 힘을 지니고 있습니다. 평소에 입지 않던 패션 스타일에 도전하고 싶다면, 그리고 그것이 마음에 든다면 그 도전을 열렬히 응원해주는 최고의 아군은 자기 자신뿐입니다. 다른 사람이 거기에 대해 어떻게 느끼든 그것은 그 사람의 감정일 뿐 절대적인 평가 기준이 될 수 없습니다.

• POINT •

다른 사람이 머릿속으로 어떤 생각을 하는지는
내가 머리를 굴려 고민해도 절대 '알 수 없는 영역'이다.

습관처럼 나쁜 쪽으로만 생각이 흐른다면

내 연락을 피하나?

일부러 답장을 안 하는 건가?

친구가 나의 전화를 받지 않을 때, 문자에 답장이 늦을 때 '내가 싫어졌나?'라고 생각하나요? 무슨 일이든 무심코 나쁜 쪽으로 추측하고 상처받는 것도 일종의 습관입니다. 친구의 상황이 어떤지도 모르면서 연락이 늦는 것이 분명히 나의 문제일 거라고 오만 가지 상상을 하는 버릇은 자신의 마음을 지치게 할 뿐입니다.

저는 이런 마음의 상태를 쉽게 설명하기 위해 다음과 같은 비유를 듭니다. '모두가 나를 싫어해'라는 자학의 안경을 쓰고 있다고 보는 거죠. 자학의 안경을 쓰고 상황을 바라보면, 전화를 걸었는데 상대방이 받지 않았다거나 문자를 보냈는데 답장이 오지 않았을 뿐인 평범한 일이 '나를 싫어한다'는 결론으로 이어지게 됩니다. 같은 상황에서 '나는 사랑받고 있어'라는 안경을 쓴 사람이라면 '전화를 받기 힘든 상황인가?'라고 생각하거나 '답이 왜 이렇게 늦어. 진짜 느리다니까!'라며 상대를 탓할 것입니다. 어쨌거나 상대에게 뭔가 사정이 있을 거라고 생각하겠지요.

'모두가 나를 싫어해' 안경을 처음부터 쓰지는 않았을 겁니다. 그간의 경험이 쌓인 결과일 수도 있겠지요. 하지만 안경을 어떻게 쓰게 되었는가는 더 이상 중요하지 않습니다. 나쁜 생각의 고리를 끊어버리는 것이 훨씬 더 중요합니다.

'나를 싫어하나?'라는 생각이 들기 시작하면,

그러고 보니 그때도 그랬지…….

참, 저번에 그런 말을 했었지…….

문자를 너무 많이 해서 나에게 질렸을 거야.

이렇게 나를 싫어할지도 모른다는 증거가 줄줄이 생각나서 자꾸만 불안해지는 악순환에 빠지게 됩니다. 그럴 때 안경을 써보고 있다는 걸 떠올려보는 겁니다. 나쁜 버릇을 또 한 번 되풀이했다고 떠올리기만 해도 본격적으로 악순환에 빠지는 상황을 막을 수 있을 것입니다. '나를 싫어할지도 모르지. 하지만 지금 결론 내리지 말고 다음에 만날 때 반응을 보고 생각해보자'라고 마음을 고쳐먹을 수도 있습니다.

'모두가 나를 싫어해' 안경 외에도 자학의 안경의 종류는 한두 가지가 아닙니다. '어차피 실패할 거야' 안경도 새로운 도전을 할 때 발목을 잡지요. 이 안경을 쓰면 자신감이 사라지고 차츰 불안에 빠지며 신경이 쓰이기 시작해서 새로운 일을 시작할 엄두를 내지 못합니다. 결국 아무것도 하지 못한 채 정말로 실패하게 되는 겁니다.

그러나 자학의 안경을 통해 자신을 보는 사람은 자신이 안경을 쓰고 있는 것조차 쉬이 알아채지 못합니다. 저는 이런 사람들에게 자신의 상황을 다른 사람에게 대입해보기를 권유합니다. 예를 들어 친한 친구가 연인에게 전화를 했는데 받지 않았다고, 혹은 문자를 보냈는데 답장이 늦었다며 당신에게 하소연한다고 칩시다. 당신은 친구의 이야기를 듣고 나서 "널 싫어하는 게 분명해"라고 말할 건가요? 그렇게 말하지 않겠죠. 그보다는 "마침 그때 바빴나 보지", "원래 좀 무신경한 사람이라며?"라고 전화를 받지 못했을 수많은 가능성에 관해 말해줄 것입니다.

우리는 보통 하나의 이야기만 듣고서 "너를 싫어하는 게 분명해"라고 단정하지 않으려고 노력합니다. 그래서 여러 가지 가능성을 생각해보는 거죠. 그리고 우리는 새로운 일을 시작하려는 친구에게 "어차피 망할 건데 뭐 하러 해"라고 말하지 않습니다. 그보다는 "열심히 해. 너라면 분명히 잘할 거야. 힘든 일 있으면 언제든 말해"라고 말하지요.

이렇게 다른 사람에게 해주는 말들을 왜 자기 자신에는 해주지 않나요? 따뜻한 말은커녕 '나를 싫어하는 건 아닐까?', '어차피 실패할 거잖아'라고 심한 말을 퍼붓는다는 자체가 자학의 안경을 쓰고 있다는 증거입니다. 도무지 긍정적인 생각을 할 수 없을 때에는 자신의 입장을 다른 사람과 바꿔서 그 사람에게 해줄 말을 적어보세요. 그러면 자기 자신을 탓하는 안경을 썼을 때에는 보이지 않던 넓은 세계가 보일 것입니다.

• POINT •

내가 자학의 안경을 쓰고 있다는 것만 깨달아도
상황을 몰라보게 바꿀 수 있다.

함부로 단정 짓는 말들에
상처받는다면

다른 사람이 나에 대해 단정 짓는 상황에 대해 생각해봅시
다. 이러저러한 일 때문에 힘들다고 그간의 사정을 털어놓았
을 때 상대방에게 듣고 싶은 이야기는 "많이 힘들었겠다"라
는 공감 어린 위로입니다. 그러나 어떤 사람은 "그럴 때는 이
렇게 했어야지"라거나 "그러게 왜 그랬어"라며 지금에서는
아무 쓸모 없는 충고를 합니다. 혹은 "누구나 겪는 일이야"라
거나 "더 힘든 사람도 있어"라며 나의 힘든 시간을 아무것도
아닌 것으로 치부하기도 하지요.

남이 하는 이야기를 듣고 멋대로 단정 짓는 사람은 많습니다. 당신이 바라지도 않는데 "그게 아니고 이렇게 해야지"라고 조언하는 것도 섣부른 단정에 불과합니다. 자기 마음대로 선을 넘고 들어와 남의 인생을 단정 지어 말하는 사람들. 그들은 당신의 마음에 불법침입을 했다고도 할 수 있습니다. 왜 사람들은 잘 알지도 못하면서 함부로 평가하고 판단해 말하는 걸까요?

나를 함부로 재단하는 사람의 태도에 기분이 나빠지고 흔들릴 필요는 없습니다. 사실 그런 사람은 다른 사람이 하는 말을 그저 듣기만 하는 것에 서툴기 때문이니까요. 이야기를 귀 기울여 들어주고 공감해주는 것을 못하는 사람들은 의외로 많습니다. 누군가의 힘든 이야기를 들으면 무조건 도움을 주어야 한다는 책임감을 느끼는 것이지요. 고민을 가만히 듣고만 있어서는 상대가 실망할 거라고 생각하는 겁니다. 아니면 이야기를 진지하게 듣지 않으면서도 성의 없는 사람으로 보이고 싶지는 않아서 진정성 없는 조언을 내뱉는 것일 수도 있습니다.

어쨌거나 이것은 전부 듣는 이의 사정입니다. 아무 조언도 해주지 못하고 그냥 듣기만 하면 자신이 쓸모없는 인간처럼 느껴져서 싫다거나 그 얘기를 듣고 가만히 있기에는 마음이 진정되지 않는다는 그들의 사정이지요. 만약에 누군가 당신의 이야기를 단정 짓고 멋대로 판단하려고 한다면 이렇게 생각해보세요.

이 문제를 자기가 해결해야 한다고 생각하는 걸까?

그냥 듣고만 있을 순 없는 걸까?

왜 한마디를 거들지 못해 안달이지?

내가 아니라 상대에게 문제가 있다고 생각해보는 겁니다. 그러면 괜히 자신의 선택과 생각을 탓하게 되는 버릇을 고칠 수 있습니다. 아니면 자신의 이야기를 시작하기 전에 "그냥 듣기만 해줘", "도와달라고 하는 거 아니니까 부담 갖지 않아도 돼"라고 미리 말을 해보면 어떨까요? 상대방도 '뭐야, 그냥 들으면 되는 건가'라고 생각해서 안도하는 경우가 많습니다.

이런 부탁을 하는데도 여전히 함부로 충고하는 사람이 있다면 당신과는 맞지 않는 상대라고 생각하면 좋겠습니다.

• POINT •

듣는 태도가 안 좋은 사람들을 일일이
신경 쓸 필요는 없다.

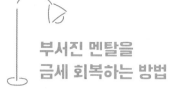

부서진 멘탈을
금세 회복하는 방법

살다 보면 작은 일에도 마음의 중심을 잃고 휘청이는 순간이 있습니다. 멘탈이 세다고 자신하는 사람에게도 반드시 이런 때가 옵니다. 누구에게나 마음이 약해지는 시기가 오기 때문입니다. 이런 순간이 닥치면 당장 이런 생각을 떠올려보기를 권합니다.

내가 이런 기분이 드는 건 혹시 충격을 받았기 때문이 아닐까?

가령 책상다리 모서리에 발가락을 찧으면 눈물이 찔끔 나게 아픕니다. 그 고통은 한동안 계속됩니다. 그럴 때는 그저 고통이 사라지기만을 기다리는 수밖에 없죠. '왜 이렇게 아프지, 몸에 큰 병이라도 생긴 거 아니야?'라고 심각하게 고민하지 않고 '발가락을 찧었으니 아프지'라며 평범하게 고통을 받아들입니다. 우리는 그 고통이 머지않아 사라진다는 사실을 잘 알고 있으므로 아프지만 기다릴 수 있습니다. 몸의 충격만이 아니라 마음의 충격에 대해서도 이와 똑같이 생각하면 되는 것입니다.

자신과 같은 분야에서 무척 잘 해내고 있는 다른 사람의 소식을 들었다고 가정해봅시다. 이런 소식은 '충격'이 되어 여러분의 마음을 흔들어놓습니다. 누구나 충격을 받으면 깜짝 놀랍니다. 충격은 쉽게 사라지지 않고 내내 머릿속을 복잡하게 하며 결국은 마음에 상처를 남기기도 합니다. 당연히 두 번 다시 충격받고 싶지 않다고 생각하게 됩니다.

가까운 지인이 거둔 놀라운 성과에 대한 소식을 듣고 충격을 받으면 어떻게 될까요? 그 사람과 비교해서 급격하게 초라해진 자신의 부족한 점에 주목하게 됩니다. 그러고서는 자신의 부족함이나 한심함이 다시는 드러나지 않도록 스스로 완벽해져야겠다고 생각합니다. 어제까지만 해도 생각하지 않던 것들이 신경 쓰이기 시작하지요.

나는 이대로 괜찮을까?

내가 지금 이러고 있을 때가 아닌데…….

아무것도 하지 않다니, 나는 어쩌면 이렇게 한심할까?

인간은 결코 완벽하지 않습니다. 따라서 마음먹고 자신의 부족한 점을 찾기 시작하면 얼마든지 찾을 수 있습니다. 지금까지는 나름대로 잘 해왔다고 생각했던 일도 조금만 삐딱하게 바라보면 제대로 못 해낸 것처럼 보일 수 있습니다. 생각이 꼬리를 물기 시작하면 결국 자신이 인생에서 내린 선택이 전부 잘못된 것만 같은 기분마저 느끼게 됩니다. 돋보기를 들고 자신의 부족한 점을 찾으려 든다면 누구나 얼마든지 발견할 수 있다는 이야기입니다.

그런 상태에서 빠져나오는 방법은 의외로 간단합니다. 떠오르는 감정을 억누르는 것이 아니라 '충격을 받은 것'에 주목하는 것입니다. 한번 받은 충격은 오래갑니다. '이미 받은 것은 어쩔 수 없다'라고 인정하는 것이야말로 질긴 충격에 대비하는 기본 자세입니다. 더 나아가 강한 불안과 우울 등의 감정까지 포함해서 지금 현재 자신에게 일어나고 있는 일을 '그래, 이 모든 일은 충격을 받았기 때문에 생긴 거야'라고 인정해봅시다.

부러워지거나 충격받을 만한 얘기를 들으면 자기도 모르게 남과 비교해서 이래저래 생각이 많아지고 자신이 없어지는 것. 이렇게 신경을 쓰는 것 자체를 평범한 반응으로 받아들이면 어떨까요? 그러고는 더 이상 깊이 생각하지 말고 충격이 사라지기를 기다리면 됩니다.

아, 나는 충격을 받았을 뿐이구나.

이렇게 이해하면 마음이 차분해지면서 서서히 충격이 사

그라집니다. 단순한 인식이지만 이 생각의 전환은 의외로 힘이 셉니다. 그때까지 마음을 소란스럽게 만들었던 복잡한 생각들도 머릿속에서 스르르 사라질 것입니다.

조언을 들으면
왜 기분이 나쁠까

누군가의 조언을 듣고 기분이 나쁜 적이 있나요? 물론 정말 도움이 되는 조언을 받을 때도 있고, 먼저 남의 조언을 구할 때도 있지만 대부분의 원치 않은 조언은 기분을 망칩니다. 그럴 때는 가끔 나 자신이 철이 없고 미숙하게 느껴지기도 합니다. 상대방은 애써서 나를 위해 이야기해준 것일 텐데 그 선의를 받아들이지 못하고 짜증이 나는 자기 자신이 못나 보이기 때문입니다.

하지만 기분이 나쁜 게 당연합니다. 조언을 듣고 나서는

'왜 내가 이런 말을 들어야 하는 거지?'라고 생각하는 게 자연스러운 반응입니다. 조언에는 '지금 상황이 좋지 않으니까 이렇게 바꾸면 어때?'라는 의도가 숨어 있습니다. 즉 지금 있는 그대로를 부정한다고 할 수 있죠. 그러니 순간적으로 불쾌함을 느끼는 것이 당연하지 않을까요?

또 조언은 자기 영역에 대한 침해라고 할 수도 있습니다. 나는 나대로 늘 최선을 다했는데 당사자도 아닌 사람이 왈가왈부하는 것은 침해나 다름없습니다. 설령 나를 걱정해서 친절한 마음에서 해준 조언이라고 하더라도 '내 사정도 제대로 모르면서'라는 생각이 든다면 그것은 엄연한 침해입니다.

자신의 영역 안으로 누군가가 침범해 들어온다면 누구나 방어에 나서게 됩니다. 조언을 한 상대가 쓸데없이 남의 일에 참견한다고 느끼는 것이 당연한 것입니다. 물론 상대가 하는 말 중에 도움이 되는 부분이 있거나 그 조언으로 개선해야 하는 점을 찾아낼 수도 있겠지요. 그 경우는 방어 반응이 일단락되고 냉정해지고 나서야 받아들일 수 있을 것입니다. 조언을 듣고 나서는 벌컥 짜증이 났지만 나중에 곱씹어 생각해보니 상대의 말도 틀린 말은 아니었다고 생각하게 되는 경우가 그렇습니다.

남의 조언을 올바르게 수용하기 위해서는, 먼저 자신이 조언에 대해 부정적으로 느꼈던 감정을 당연한 반응이라고 긍정적으로 받아들이는 것이 먼저입니다. 여전히 '상대가 하는 말에도 일리가 있으니 받아들여야 한다'는 강박을 느낄 수도 있습니다. 이는 불법침입이라는 '행태'와 상대가 말하는 '내용'을 혼동해서 그렇습니다. 불법침입을 당하면 자연스럽게 반작용이 일어나므로 그 내용이 일리가 있어도 바로 받아들이기가 어렵습니다. 그러니 부정적인 감정을 느끼는 자신을 그대로 받아줍시다.

• POINT •
자기 자신을 부정당하면 불쾌한 것이 당연하다.
이 반응을 당연한 감정으로 받아들일 것.

'지금 이 순간'을 살면
달라지는 것들

마음의 여유가 없고 이런저런 일이 신경 쓰이기 시작하면 지금 일어나는 일과 상관없는 과거와 미래에 시점을 맞출 때가 많습니다. 가령 연인과 함께 있어도 '만약에 이 사람이 나한테 질리면……' 하는 생각에 사로잡힐 때 시점은 미래로 향합니다.

미래에 초점을 맞추면, 지금을 즐기고 소중히 할 수 없다는 문제가 생깁니다. 지금은 아무 문제도 일어나지 않고 모처럼 연인과 즐거운 시간을 보내고 있는데 '헤어지면 어쩌지……',

'나한테 질리면 어쩌지······'라고 신경 쓰면 현재의 시간까지 헛되이 만들게 되기 때문입니다.

'더 좋은 미래를 위해 현재를 희생하는 것은 당연하다'라고 생각하며 사는 사람이 의외로 적지 않습니다. 미래를 위해 현재의 행복은 포기하고 참고 버티는 태도지요. 하지만 현재를 희생하면 정말로 안심할 수 있는 미래가 손에 들어올까요? 연인과의 헤어짐을 앞서 생각하고 불안해하는 것이 두 사람 사이를 더 가깝게 해주나요?

여기서 중요한 것은 우리는 늘 '지금'을 산다는 것입니다. 즐겁고 기쁘다고 느끼는 것도 전부 지금입니다. 상대와 연결되어 있고 진정한 사랑을 하고 있다고 느끼는 감정 또한 지금이 순간뿐입니다. 상대가 '이 사람과 쭉 같이 있고 싶다'라고 생각하는 것도 지금입니다. 앞날만 걱정하고 지금을 충분히 즐기지 못하는 사람은 별로 매력적이지 않습니다. '안정적인 미래를 위해'라고 하는데 원래 미래는 독립된 개체가 아닙니다. 미래는 지금을 쌓아 올린 결과입니다. 안심할 수 있는 미래를 위해 지금을 소홀히 하는 삶을 살면, 죽을 때까지 현재의 행복을 포기하면서 살아갈 수도 있습니다.

지금 사랑을 느끼면 미래에도 사랑을 느낄 가능성이 그만큼 높아집니다. 반대로 미래에 대한 불안으로 현재를 즐기지 못하면 연인과 함께 있는 시간을 즐기지 못하게 됩니다. 어쩌면 그것이 원인이 되어 연인의 마음이 떠나버릴 수도 있습니다. 또한 이전에 실패한 경험을 떠올리며 과거에 초점을 맞추어도 비슷한 일이 발생합니다. 우리는 '지금'을 살고 있습니다. 항상 지금을 염두에 두고 살아가면 당장 해야 할 것들이 보이면서 행복을 만끽할 수 있을 것입니다.

• POINT •

현재를 희생한다고 해서 미래의 불확실성이
사라지는 것은 아니다.

짜증이란 괴로운 감정입니다. 일단 짜증이 나기 시작하면 이것도 저것도 다 마음에 안 들게 되고 내 뜻대로 되는 게 하나도 없어서 폭발하게 됩니다. 또 엉뚱한 사람한테 짜증을 냈다가 오히려 자기혐오에 빠지는 악순환을 거듭합니다. 이렇게 짜증을 내는 본질적인 이유는 자신을 통제하지 못하기 때문입니다. 자기 자신을 스스로 어쩌지 못하는 심정은 상당히 괴롭지요. 그래서 자꾸만 '내가 원하는 건 이게 아닌데……'라며 스스로를 탓하게 됩니다.

모든 감정에는 의미가 있습니다. 그런데 대체 짜증을 내는 것에는 어떤 의미가 있을까요? "짜증을 내다니 인내심이 부족하구나"라거나 "감정을 그렇게 겉으로 드러내다니 아직 미숙하구나"라고 말하는 사람이 많은데 그것은 어디까지나 다른 사람이 내리는 평가일 뿐입니다. 짜증의 의미는 당신이 '지금 어려운 상황에 처해 있다'라는 것을 알려주는 신호입니다. 가령 뜻대로 되지 않을 때가 그 전형적인 예라고 할 수 있겠죠. 자기 뜻대로 되지 않을 때야말로 정말로 힘든 상황에 처해 있다고 할 수 있으니 짜증이라는 감정이 나오는 것이 당연합니다.

그러니 짜증을 내는 자신을 미워하지 않아야 합니다. 짜증이 나면 '지금 내가 많이 힘들구나'라고 이해해주세요. 그것만으로도 마음이 꽤나 진정됩니다.

왜 이 정도 일을 그냥 넘기지 못하는 걸까?
나는 어쩌면 이렇게 어른답지 못할까?
그릇이 너무 작은 게 아닐까?

누구나 이런 생각으로 의기소침해진 적이 있을 겁니다. 어린애처럼 짜증을 부리는 못난 나는 '내가 바라던 나'가 아니니까요. 하지만 계속 의기소침해 있으면 뜻대로 되지 않는 일이 계속해서 늘어날 뿐입니다. 그럴수록 기분전환하기가 어려워진다는 것을 기억하세요. 일이 뜻대로 되지 않을 때는 어려운 상황에 처한 나를 이해해주세요. 그럼 짜증을 내는 나를 다정하게 대해줄 수 있을 것입니다.

혹시 지금까지 짜증을 내서 상황을 개선했던 경험이 있나요? 사실 누구나 잘 알고 있을 겁니다. 짜증을 낸다고 해서 마음에 안 드는 현실이 나아지지는 않는다는 것을요.

회사에 제일 먼저 출근해서 기분 좋게 일을 시작하려고 모처럼 일찍 집을 나섰다고 해봅시다. 그런데 사고가 나서 지하철이 지연되는 바람에 오히려 회사에 지각하게 되었습니다. 게다가 사람들로 꽉 찬 지하철에서 한참을 서서 가야 하니 자연스레 짜증이 나게 됩니다. 이렇게 예상치 못한 변수로 일정이 꼬이면 짜증이 나기 쉽습니다.

상황이 내 맘대로 흘러가지 않을 때는 많습니다. 그리고 뜻대로 되지 않는다는 말은 어떻게 해도 안 된다는 뜻입니다. 현실을 받아들이는 수밖에 없죠. 지하철 사고는 자신의 힘으로는 어떻게도 할 수 없는 일입니다. 이럴 때 꼭 명심해야 할 것은 현실과 싸우지 않는 것입니다.

왜 이런 일이 일어난 거지?
이럴 리가 없어!

아무리 싸워봤자 상대는 현실이라서 이길 가망이 없습니다. 이 상황을 현실과의 줄다리기라고 상상해보면 알기 쉬울 것입니다. 현실을 상대로 '왜 이런 일이 일어난 걸까?'라고 줄을 힘껏 잡아당겨도 현실은 뭐 하나 바뀌지 않습니다. 그저 짜증만 날 뿐이죠. 현실과 싸우면 싸울수록 스스로 통제하지 못할 정도로 부정적인 에너지를 받게 됩니다.

여러분은 자신을 다정하게 대해주고 있나요? 현실은 바꿀 수 없습니다. 그럴 때 손쓸 수 있는 것은 현실이 아니라 자신의 마음입니다. 자신이 어려운 처지에 빠졌다는 걸 인정해 주세요. 이미 몹시 힘들어하고 있으니 더 이상은 힘들지 않게 해주자는 마음으로요.

• POINT •

일이 뜻대로 되지 않을 때는 나를 다정하게
대해주는 것이 우선이다.

PART 2

인간관계가
너무 힘든
유리멘탈에게

사람 때문에 너덜너덜해진 멘탈 관리법

　다른 사람 때문에 마음이 힘들면 어떻게 하나요? 이렇게 물으면 대부분의 사람들은 제일 먼저 "참는다"라고 말합니다. 하지만 그것은 최악의 선택입니다. 그러면 계속 신경이 쓰이는 데다 참아야 한다는 이중 피해를 입게 됩니다. 참는다고 하지만 실질적으로는 그 사람 때문에 입는 피해가 배가 될 뿐입니다. 이런 감정을 위한 근본적인 방법은 피해의식을 버리는 것입니다. 그리고 피해의식에서 벗어나기 위해 가장 도움이 되는 방법은 '상대에게는 상대만의 사정이 있다'고 생각하는 것입니다.

세상에는 이상한 사람이 많습니다. 멀쩡하게 사회생활을 하고 있으면서도 다들 이상한 구석을 조금씩은 가지고 있는 것 같습니다. 의견을 구해놓고 전혀 남의 말을 듣지 않는 사람, 가고 싶은 곳도 먹고 싶은 것도 스스로 정하지 못하고 무엇이든 남에게 맡기는 사람, 남에게 도움을 받고도 고맙다는 인사 한마디 안 하는 사람, 남을 부러워하는 게 습관이 되어서 "부럽다"라는 말이 입버릇이 된 사람, 늘 위에서 내려다보는 거만한 시선으로 말하거나 걸핏하면 큰소리치고 잘난 척하는 사람.

이런 사람들은 주위 사람들을 짜증나게 합니다. 그들의 이상한 말과 행동 때문에 자신이 직접적인 피해를 입지 않아도 짜증이 납니다. 왜 그럴까요? 바로 '저 사람은 왜 저런 짓을 하고 저런 말을 하는 걸까?'라는 생각이 들기 때문입니다. 즉 여러분이 '인간으로서 마땅히 그래야 한다'고 생각하는 모습과 사람들의 실제 모습이 일치하지 않는 것이죠. 이것은 뜻대로 되지 않는 또 다른 '어려운 상황'이라고 할 수 있습니다.

이렇게 자신이 이해할 수 없는 사람들 때문에 쉽게 기분이 흐트러질 때는 어떻게 해야 할까요? 그럴 때는 그 사람이 왜 그렇게 된 건지 생각해봐야 합니다. 눈앞에 있는 그 사람에게는 각자 그들만의 사정이 있기 마련입니다. 인간은 자라온 환경도 현재 처한 상황도 오늘 하루를 보내는 방법도 각기 다릅니다. 어릴 때부터 사소한 일에도 질책을 듣기 일쑤여서 자신감을 잃어버린 사람이 있는가 하면 반대로 위에서 내려다보는 시선으로 모든 사람을 무시하는 사람도 있습니다. 이런 사람들은 늘 다른 사람보다 위에 있지 않으면 자신에게 가치가 없다고 느끼며 불안해하죠.

감사 인사 한마디도 하지 못하는 사람이나 남을 깔보는 사람들에게도 사정이 있습니다. 그 사람들은 대부분 타인과 잘 어울리지 못해서 여러 가지 어려움을 경험했겠죠. 물론 그런 행동을 되풀이하는 것은 잘못입니다. 결국 그들은 많은 사람에게 미움을 사게 되고 다른 사람과 진정한 신뢰 관계를 맺지 못하게 됩니다.

이런 사람들에 대해서는 그저 '사정이 있겠지'라고 바라보기만 해도 충분합니다. 이해하라는 것은 아닙니다. 그들로 인해 내가 피해를 입은 게 아니라 그저 눈앞에 사정이 있는 사람이 있을 뿐이라고 관점만 달리 하자는 것입니다. 상대를 사정이 있는 사람으로 본다면 당신은 더 이상 피해자가 아니게 됩니다.

• POINT •

이상한 사람들에게도 다 각자의 사정이
있다고 생각해보자.

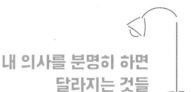

내 의사를 분명히 하면
달라지는 것들

상대를 사정이 있는 사람으로만 봐도 짜증이 상당히 줄어드는 이유는 자신의 의사를 분명히 말할 수 있게 되기 때문입니다. 피해자에게는 자신의 의사와 주체성이 없습니다. '그 사람이 그런 행동을 하는 한 난 힘들 수밖에 없다'는 상황에 주체성이 있을 리가 없으니까요. 즉 상대를 사정이 있는 사람으로 바라보며 자신의 의견을 가지게 되는 것 자체가 주체적이라고 할 수 있습니다.

이는 참는 것과 달리 스스로 힘을 발휘하는 것입니다. 어떤 일을 바라보는 관점을 스스로 선택하면 무력감에서 벗어날 수 있습니다. 관점을 스스로 '선택한다'라는 발상을 잘만 응용하면 무의식중에 피해의식을 갖게 되는 상황을 막을 수 있게 되지요.

피곤한데 남의 불평불만을 들어주는 상황을 예로 들어봅시다.

저 사람은 내가 피곤해하는 게 안 보이나?
왜 이쪽 상황은 생각해주지 않는 거지?
왜 불평불만만 늘어놓는 걸까?

상대가 불만을 터뜨리는 상황 자체를 바꿀 수 없다는 건 이제 잘 알고 있을 겁니다. 이럴 때는 먼저 불만을 들을지 말지 결정하는 것부터 시작해봅시다. 더는 피해자가 되지 않고 주체적인 선택을 하는 것입니다. 상대와의 관계나 상대의 성격을 고려하여 불만을 듣는 게 나은지 아닌지를 따져보는 거죠. 만약 지금은 들어주는 게 낫다고 판단했다면 자신의 결정에 따라 불만을 들어줍시다. 불만을 억지로 듣는 것이 아니라 들어주자고 판단했기 때문에 듣는 것이지요. 물론 듣지 않아도 된다고 판단했다면 적당한 구실을 만들어서 거부하면 될 것입니다.

다만 불평을 듣기만 하면 아무리 스스로 결정했다 하더라도 여전히 피곤하고 고통스러울 겁니다. 그럴 때는 스트레스를 받지 않고 듣는 방법이 있습니다. 바로 '지금'에 집중하면서 듣는 것입니다. 상대의 이야기를 듣는 동안 우리의 머릿속에는 '왜 저런 말을 하는 걸까?', '대체 나는 언제까지 저 사람이 하는 말을 들어야 하는 걸까?' 같은 생각이 떠오릅니다. 그러나 이렇게 생각하면서 상대가 하는 말을 들으면 아주 피곤해집니다. 주체적인 선택으로 더 이상 피해자는 아닐 수 있게 되었지만 피곤하고 스트레스 받는 것은 피하기 힘들지요.

그러니 그런 생각이 들면 일단 무시하고 신경 쓰지 않는 것이 상책입니다. 그리고 다시 상대의 말에 집중하면 마음이 훨씬 편해집니다. 상대가 하는 말을 평가하지 말고 그냥 있는 그대로 듣는 것입니다. 그러면 불만으로 느껴지던 것이 '이 사람도 나름대로 애쓰면서 열심히 살았구나'라는 따뜻한 느낌으로 바뀌게 될 것입니다.

• POINT •

무작정 참지 않고 주체적인 힘을 발휘하면
상황이 역전된다.

꼼짝없이 당하고 있다는
느낌이 들 때

'무신경한 상대에게 신경 써봤자 나만 손해야'라고 생각하며 사람에게 받은 스트레스를 떨쳐버리려 한 적이 있나요? 하지만 이런 생각은 당신이 여전히 피해의식에 빠져 있다는 증거입니다. 상대가 무신경하든 어떻든 스트레스를 받지 않고 사는 법을 주체적으로 선택하는 것이 중요합니다.

가령 다른 사람의 일을 억지로 떠맡게 되면 '원래 내 일이 아닌데', '예정에 없던 일인데'라며 끊임없이 손해 보는 기분이 듭니다. 그러다 엎친 데 덮친 격으로 일이 잘 안 풀리면 기

분이 점점 더 나빠지죠. 이런 기분에만 매몰되어 있으면 상황
은 상황대로 나빠지고 나와 상대의 감정만 악화됩니다.

그럴 때도 피해자가 되지 않도록 주체적으로 선택하는 것
부터 시작합시다. 일단은 그 일을 맡아서 할지 말지부터 따져
보는 겁니다. 물론 맡고 싶지 않은 것이 자연스러운 반응이겠
죠. 하지만 직장에서의 입장 등 전체적인 상황을 충분히 고려
해서 판단해야 합니다.

일반적으로 주체적인 판단이라고 하면 단호한 "아니요"를
떠올리는데 꼭 그렇지만은 않습니다. 지금까지의 관계나 앞
으로의 일을 포함한 전체적인 상황을 고려하여 조직에서 모
나게 굴지 않겠다는 선택, 논란을 일으키지 않겠다는 선택도
충분히 가능합니다. 만약 더 이상 일을 맡기 힘들다면 모나게
굴지 않는다는 선택보다는 자기 자신의 건강을 우선한 선택
을 할 수 있겠지요.

꼭 명심하세요. 모나지 않게 지내는 삶을 우선하는 것은

조금도 이상하지 않은 선택입니다. 자신이 일하는 환경을 긴장감이 감도는 곳으로 만들고 싶지 않은 것이 사람의 마음이기 때문입니다. 한번 맡아서 하기로 정했으면 가장 스트레스받지 않는 방법을 찾아서 일하도록 합시다. 바로 눈앞의 일에 집중함으로써 말이죠. 즉 여기에서도 키워드는 '지금'인 셈입니다.

억지로 맡은 일이라고 생각하면 지금에 집중하지 못합니다. '왜 내가 이 일을 해야 하는 거야?'라는 시선으로 일을 보기 때문입니다. 억지로 맡은 일이 아니라 스스로 맡은 일로 바라봐야 눈앞의 일에 집중할 수 있고 스트레스도 받지 않습니다.

여기까지 읽었는데도 '왜 내가 그렇게까지 하지 않으면 안 되는 거야?'라며 의문을 느끼는 독자가 있겠지요. 거듭 말하지만 중요한 것은 '얼마나 스트레스를 줄이고 기분 좋게 지내느냐'입니다. 그 일이 원래 누가 할 일이었는지는 중요하지 않습니다.

직장에서 모나지 않게 지내려고 맡은 일을 집중적으로 처리한 뒤 웃는 얼굴로 "수고하셨습니다"라는 인사와 함께 퇴근하는 나. 생각만 해도 마음이 편안해집니다. 일을 억지로 맡아서 하는 사람이 아닌 주체적인 존재로서 느끼는 편안함. 이런 편안함을 목표로 사회생활을 하면 직장에서의 평가도 자연스럽게 높아질 것입니다. 손해 보는 기분으로 툴툴대며 짜증을 내는 하루보다 훨씬 이득 아닌가요?

이외에도 자신이 꼼짝없이 당하고 있다는 느낌이 강해질 때에도 피해의식에서 벗어나야 할 때입니다. 인생 전체를 '당하는 느낌'으로 살면 스트레스를 받을뿐더러 그 시간이 너무 아깝습니다. 물론 회사에 갓 들어갔거나 쉴 틈 없이 공부하고 배워야 하는 학생 신세일 때는 뜻대로 되지 않을 때가 많을 겁니다. 자유 시간이 거의 없어서 실제로 운신이 자유롭지 못하겠죠. 하지만 물리적으로 꼼짝도 하지 못하는 상황과 정신적으로 꼼짝할 수 없는 상황은 별개입니다. 언제나 나의 판단과 나의 힘으로 길을 선택한다는 것. 주체적 선택은 피해의식이 들어올 자리를 주지 않습니다.

✳ 인생을 컨트롤하는 감각을 연습하는 방법

주체적인 선택에 익숙하지 않다면 작은 것부터 연습해보면 어떨까요? 인생의 작은 선택들을 스스로 만들어나가는 것은 생각보다 그리 어렵지 않습니다. 일단, 나만을 위한 시간이 없다고 느낄 때일수록 5분이라도 시간을 내서 맛있는 차를 끓여 마셔보세요. 아니면 식물을 사서 햇살이 잘 드는 창가에 두는 건 어떨까요? 무엇이든 좋으니 오로지 '나의 의사로 결정한다'고 생각할 수 있는 일을 해보세요.

차 한잔 마실 여유조차 없다고 느낄 때는 신발을 가지런히 정리해보는 것을 추천합니다. 벗은 신발을 남이 보든 안 보든 가지런히 정렬해 놓는 겁니다. 신발 정리는 단 몇 초면 할 수 있습니다. 아무렇게나 벗어놓은 신발을 그대로 두면 어수선한 신발들을 볼 때마다 '신발을 정리할 시간조차 없어!'라며 스트레스를 받습니다. 이때 신발을 가지런히 정리하는 일은 인생을 컨트롤하는 감각을 되찾는 첫걸음이 됩니다.

이렇게 작은 여유를 갖는 마음은 매일을 즐기는 큰 힘이 됩니다. 자기 자신을 '운명의 피해자'에서 '인생을 선택해서 사는 사람'으로 탈바꿈하는 효과가 있는 것입니다.

• POINT •

모나지 않게 지내는 삶을 우선하는 것도
당신을 위한 좋은 선택이다.

남을 변화시키려는
노력이 헛수고인 이유

자신이 어려운 상황에 처했다고 인정하는 것은 평정심을 찾기 위해 꼭 필요한 마음가짐입니다. 이렇게 심한 일을 겪었으니 힘든 것이 당연하다고 기분을 긍정하면 피해를 최소한으로 막을 수 있습니다. 하지만 이러한 마음가짐과 피해의식을 계속 갖고 있는 것은 별개의 문제입니다. 피해의식을 갖고 있으면 끊임없이 피해를 받는다고 생각하기 때문에 힘든 상황이 계속됩니다. 자기 뜻대로 되지 않는 일이 늘어난다고도 느끼게 될 것입니다. '왜 나한테만 이런 일이 생기는 걸까'라고 궁금해지기 시작했다면 그건 피해의식 때문에 객관적인 판단력조차 흐려졌다는 징조이기 때문에 조심해야 하지요.

상사가 똑같은 말을 반복하며 장황하게 연설을 늘어놓는 경우를 생각해봅시다. 당신은 다 알고 있는 이야기를 꾸역꾸역 들으며 시간을 빼앗기는 피해를 입게 됩니다. 그때 '이 사람은 대체 왜 이러는 걸까……'라고 생각하면 피해의식에서 벗어나지 못합니다. 상사가 태도를 바꾸지 않는 한 자신의 피해의식을 버릴 수 없는 상황. 누구나 이런 상황에서는 무력감을 느끼게 됩니다. 고작 상사 하나 때문에 계속 짜증을 내야 하다니 생각만 해도 싫습니다.

그렇다면 우리는 왜 '이 사람은 대체 왜 이러는 걸까'라고 생각하는 걸까요? 그것은 우리가 '상사가 변했으면 좋겠다'라고 잠재적으로 기대하기 때문입니다. 하지만 여기서 우리가 명심해야 할 중요한 포인트가 있습니다. 바로 다른 사람을 바꿀 수 없다는 점입니다.

인간은 변할 수 있습니다. 하지만 그것도 타이밍이 맞아야 합니다. 변할 준비가 되어있을 때만 비로소 변하죠. 물론 남을 변화시키는 데 성공했다고 생각한 적도 있을 겁니다. 가령 말을 장황하게 하는 상사에게 농담 반 진심 반으로 "몇 번이나 들어서 알고 있습니다"라고 말해서 상사가 정말로 태도를 개선한 적이 있을지도 모릅니다. 하지만 이는 여러분이 한 사람을 변화시킨 것이 아니라 단지 모르는 것을 알려준 것에 불과합니다. 그 상사는 화법을 바꾸는 편이 낫다는 걸 알지 못했을 뿐, 알려주기만 하면 언제든 화법을 바꿀 준비가 되어있는 사람이었습니다. 변할 준비가 안 되어 있는 사람을 바꾸려고 하면 그 사람은 거부 반응을 일으킵니다. 그렇게 되면 더 큰 피해를 받는 것은 바꾸려는 사람입니다. 그러니 변할 준비가 안 되어 있는 사람을 바꾸기란 불가능하다는 걸 먼저 마음에 새깁시다.

• POINT •

변할 준비가 안 되어 있는 사람을 바꾸기란 불가능하다.

상대의 공격을
정면에서 받지 않는 기술

사람들 앞에서 욕을 먹거나, 부당한 대우를 받으면 분하고 화가 나는 감정이 뒤섞여서 마음이 정리되지 않을 때가 있습니다. 엉뚱한 트집을 잡히거나 억울하게 야단을 맞는 것은 충격적인 체험입니다. 따라서 발가락을 어딘가에 찧었을 때와 같은 마음의 통증이 한동안 계속됩니다.

좀처럼 기분이 정리되지 않을 때는 '무슨 일이 일어났는가?'가 정리되지 않아서인 경우가 대부분입니다. 무엇이 일어났는지가 분명하게 정리되지 않으면 그것을 받아들이고 앞으로 나아갈 수 없습니다. 인간은 충격과 슬픔을 반드시 극복할 수 있지만, 무엇을 잃어버렸는지를 확실하게 알지 못하면 극복이 힘들어집니다.

자신에게 일어난 일을 복기하는 과정에서 자신의 잘못이 크다고 보이면 우울해질 수 있습니다. 하지만 자신의 잘못이 전혀 없는 상황일 수도 있습니다. 다른 사람으로부터 부당한 공격을 받았을 때는 반발심이 생기고 분하고 억울한 감정으로 마음속이 시끄러워집니다. 그럴 때는 '화내는 사람은 사정이 있는 사람'이라고 생각해보세요. 상대가 하는 말이 일리가 있다고 해도 그 말투가 감정적이라면 그 사람은 자신의 힘들고 불편한 마음을 남에게 터트리는 것뿐입니다.

누군가의 말이나 행동이 받아들이기 어렵다고 느껴진다면 그것이 공격적으로 보여서인지도 모릅니다. 그러니 그에 대해 방어적인 반응이 나오는 것입니다. 그것이 바로 억울하다는 감정입니다. 설령 자신에게 잘못이 있다고 쳐도, 그것이 다른 사람에게 아무 말이나 들어도 된다는 뜻은 아닙니다.

입장을 바꿔서 생각해봅시다. 누군가가 비슷한 잘못을 저질 렀다고 해서 여러분도 함부로 말할 건가요? 당신이라면 아닐 겁니다.

다른 사람에게 주의를 줄 때는 행동과 인격을 구별하는 것이 기본입니다. 주의를 줘야 하는 것은 상대의 행동입니다. 인격까지 부정할 필요는 없습니다. 당신이 인격을 공격당했다고 느낄 정도로 주의를 받았다면 상대가 그 두 가지를 혼동했을 가능성이 큽니다. 그만큼 상대는 '경황이 없을 정도로 감정적인 상태'에 있다는 뜻입니다.

주의를 주는 사람은 행동과 인격을 구별해야 합니다. 뒤집어 말하면 주의를 받은 쪽에서는 그 내용과 표현 방식을 구별하는 것이 중요합니다. 아무리 정곡을 찌르는 내용이라도 표현에 인격을 공격하는 요소가 있다면 그대로 받아들일 필요는 없습니다. 자기 안에서 개선해야 할 점을 인정한 뒤 나머지는 '그건 그렇고 그렇게 심한 말을 하다니 얼마나 힘들기에 저렇게 정신이 없지'라는 시선으로 봐줍시다.

상대가 힘들어하는 모습을 보고 안쓰러운 마음이 들 수도 있고, 여전히 상대의 어른스럽지 못한 대응이 아쉬울 수도 있습니다. 어느 쪽으로 생각하든 상관없습니다. 단순히 상대가 힘들어하고 있으며 그 감정적 대응이 자신에 대한 공격이 아니라는 것만 알면 됩니다. 인격을 부정당하는 표현까지 포함하여 전부 자신이 책임지고 떠안으려고 하는 것은 흡사 소화시키지 못할 음식을 먹는 것과 같습니다. 상대에게 책임이 있는 것은 상대에게 넘기고 스스로 개선해야 할 점이 있으면 고치고 다음 단계로 나아갑시다.

• POINT •

공격하는 사람의 '내용'과 '표현 방식'을 구분하라.

단단한 멘탈을
만드는 주문

짜증은 자신이 어려운 상황에 처해 있음을 알리는 감정이라고 말씀드렸습니다. 이것을 잘 인지하고만 있어도 원만한 인간관계에 도움이 됩니다. 나뿐만 아니라 화를 내거나 짜증을 내는 모든 사람이 어려움에 빠져 있다는 주문을 외어보는 겁니다. 누군가 화를 내며 나를 공격하는 중이라고 생각하면 당연히 상처를 받습니다. 하지만 그들도 그저 어려움에 빠져서 비명을 지르는 사람이라고 생각하면 어떨까요? 그렇게 생각하면 다른 사람의 나쁜 감정에 상처받지 않고 여유를 갖고 대할 수 있습니다.

공격을 받는다고 생각했을 때는 공포의 대상이었던 사람이지만 어려움에 빠졌다고 보면 '아무리 힘들어도 그렇지 그렇게까지 소리 지르지 않아도 되잖아……'라고 웃어넘길 수도 있습니다. 물론 공격적인 말과 행동에 두려움을 느끼는 것은 인간으로서 당연한 반응입니다. 다만 내가 공격받고 있다는 상황에 무게를 두느냐, 어려움에 처한 상대가 힘들어서 비명을 지르는 상황에 무게를 두느냐에 따라 나의 멘탈은 확연히 달라집니다.

이것은 화를 내는 상대 외에도 응용할 수 있습니다. 가령 귀가 따갑게 조언하는 사람과 덮어놓고 단정 짓는 사람은 어떨까요? 이런 사람들은 있는 그대로를 받아들이지 못하는 사람들입니다. 일반적으로 상대방을 있는 그대로 받아들이지 못하는 사람은 자기 자신도 있는 그대로 받아들이지 못합니다. 그런 의미에서 보면 그들도 어려움에 처한 사람이라 볼 수 있지요. 그들을 바라볼 때 머릿속으로 이렇게 생각해보는 건 어떨까요?

저 사람에게는 사정이 있어.

다른 사람을 바꿀 수는 없어.

불쾌한 말이나 행동을 하는 사람은 어려움에 처한 사람.

누구나 자기가 할 수 있는 일만 한다.

이는 전부 사람들과 원만한 관계를 맺기 위한 소중한 주문입니다. 꼭 기억해주시기 바랍니다.

• POINT •

나에게 화를 내는 사람이 있다면 생각해보자.

저 사람은 어려움에 처해 비명을 지르고 있을 뿐이라고.

무례한 지적질에는
어떻게 반응해야 할까

평소 신경을 쓰던 외모나 성격에 대한 단점을 지적받으면 당황스러운 것은 물론이고 화가 나고 상처받거나 '왜 다들 그렇게 생각하는 거지?'라고 불안해지기도 합니다. 평소대로 있기가 힘든 상태가 되는 것입니다. 상처가 된 그 말은 며칠이 지나도록 머릿속을 떠나지 않습니다. 생각해보면 참 억울한 일이지요. 상대방은 그 말을 던지자마자 자신이 그런 말을 했는지도 잊어버렸을 테니까요. 이럴 때 평정심을 되찾는 방법은 충격에 대한 내용을 떠올리는 것입니다.

안 그래도 신경 쓰던 점을 갑자기 지적받으면 충격을 받는 것은 당연합니다. 자연스레 충격에 대한 일련의 반응이 일어나지요. 그 반응에는 짜증도 있고, 화도 있고, 불안도 있을 것입니다. 이는 더 이상 충격을 받지 않기 위해 마음이 경계 태세에 들어갔다는 증거입니다. 그래서 온갖 일에 신경이 곤두서게 됩니다. 이런 순간에도 원칙은 같습니다. 자신에게 일어나는 모든 것이 충격에 대한 반응이라고 인정하는 것입니다.

다른 사람의 외모나 성격에 대해 지적하는 것은 굉장히 무례한 일입니다. 그러니 이때 받은 충격을 우연히 겪은 재수없는 일일 뿐이며 평소에는 잘 일어나지 않는 일로 치부해도 괜찮습니다. 즉 말한 사람의 배려가 부족한 것이며 그것은 오로지 그 사람의 인성 문제이고 그 사람에게 어떤 '사정이 있다'는 뜻입니다.

예를 들어 "다리가 굵네"라며 몸에 대해 지적받은 경우, '역시 다들 그렇게 생각하는구나'라고 우울해질지도 모릅니다. 하지만 생각해보세요. 평소에 사람들이 다른 사람을 보고 "다리가 굵네"라고 말하나요? 보통은 그런 실례가 되는 말을 해서 상처를 주려고 하지 않겠죠. 따라서 그런 말을 들으면 자신의 몸에 주목할 것이 아니라 '저 사람이 무례한 말을 했다'는 점에 주목해야 합니다. 그리고 이런 사람은 위와 같은 말이나 행동을 거듭할 가능성이 있으니 거리를 두거나 다시 마주치더라도 '무례한 인간이니 무시하자'고 생각해야 안전합니다. 이 전제만 알고 있으면 자신을 따뜻하게 어루만져주거나 상대를 바라보는 시선을 바꿈으로써 마음의 거리를 둘 수 있을 겁니다. 그리고 마음이 동요될 때는 '지금 나는 어떤 충격을 받았는가'를 찾는 훈련을 하는 것이 마음을 단단하게 만드는 지름길입니다.

• POINT •

무례한 사람들에게 일일이 신경 쓸 필요 없다.

PART 3

깨진 마음
회복시키기

터널에서 빠져나오기 위한
'슬픔의 프로세스'

우리는 뭔가를 잃었을 때 슬픔을 느낍니다. 가족처럼 소중한 사람과 사별했을 때는 심한 고독함이 밀려옵니다. 함께 생활을 하던 사람과 헤어졌으니 그 쓸쓸함이 어떨지 짐작도 가지 않습니다. 실연 후에 느끼는 허전함도 그에 못지않습니다. 그럴 때는 무엇을 해도 쓸쓸한 마음이 채워지지 않습니다. 채워지지 않는 게 당연합니다.

그럼에도 우리는 슬픔에서 최대한 빨리 빠져나오기 위해 애를 씁니다. 바쁘게 돌아가는 세상은 우리에게 충분히 슬퍼

할 시간을 주지 않기 때문이죠. 혹은 스스로 슬픔의 감정을 차단하기도 합니다. 부정적인 감정을 오래 느끼는 것은 안 된다고 학습하며 살아왔기 때문입니다.

하지만 인간은 소중한 뭔가를 잃으면 반드시 '슬픔의 프로세스'를 거쳐야 합니다. 슬픔의 프로세스는 현실을 부정하면서 시작됩니다. '믿기지 않아!'라거나 '현실이 아니면 좋겠어!'라며 이미 벌어진 일을 인정하지 못합니다. 이어서는 '이제는 행복했던 전으로 돌아갈 수 없어'라며 깊은 슬픔에 빠집니다. 최종적으로는 결국 자신의 상실을 받아들이게 됩니다. 이 일련의 과정에서 인간은 슬픔을 비롯하여 다양하고 복잡한 감정을 느낍니다. 그리고 이 과정에서 당연히 심한 고독을 느낍니다. 평범한 일상을 사는 사람들이 자신과는 전혀 다른 세상에 사는 사람처럼 보이기도 합니다.

소중한 사람을 잃으면 '사라졌다'는 점에만 주목하게 됩니다. 이별의 형태가 충격적일수록 그런 경향이 강합니다. 그렇게 '상실'이라는 한 점에 사로잡힌 시야를 조금씩 넓혀가는 것이 슬픔의 프로세스입니다. 소중한 사람이 하늘나라로 떠났다면, 슬픔의 프로세스를 통해 그 사람이 자기답게 하루하루를 살았음을, 그리고 그 죽음이 인생의 한 부분에 불과할 뿐임을 인정하게 됩니다. 최종적으로는 상대의 죽음을 받아들이게 되지요.

물론 추억할 때의 쓸쓸함은 평생 동안 계속될지도 모릅니다. 하지만 슬픔의 프로세스 이후에 느낄 쓸쓸함은 이전에 느끼는 쓸쓸함과는 다릅니다. 그리고 이 과정을 거치지 않으면 상실을 인정하지 못하고 언제까지나 그 사람이 있었을 때처럼 살게 됩니다. 구멍이 뻥 뚫린 것 같은 인생을 살게 되는 것입니다. 그러면 현재의 자신을 지지해주는 사람들에게 마음을 열지 못하고 자신의 일상에 꼭 필요한 일을 하지 못하게 됩니다.

슬픔의 프로세스가 필요한 것은 누군가의 죽음을 마주했을 때만이 아닙니다. 실연 또한 인생에서 중요한 이별의 체험입니다. 긴 시간을 함께 한 연인이었다면 그 사람과 헤어진 후에는 응당 슬픔의 프로세스를 거칠 필요가 있습니다. 이별을 하면 혼자 있는 게 싫어질 수도 있고 다른 사람과 만나 기분을 달래려고 할 수도 있을 것입니다. 그런데 슬픔의 프로세스를 거치고 있는 중간에는 진정한 의미에서 마음이 채워질 수 없습니다. 그렇지만 이것을 문제라고 느끼지는 않았으면 좋겠습니다. 한창 슬플 때에는 다른 사람과 함께 있어도 마음이 채워지지 않는 것이 당연합니다. 슬픔의 프로세스란 그런 것이기 때문입니다.

하지만 다른 사람과 함께 있는 시간 자체는 긍정적으로 활용할 수 있습니다. 슬픔의 프로세스를 지날 때는 다른 사람의 도움을 받는 것이 좋으니까요. 나를 있는 그대로 받아주는 상대를 만나면 자신이 어떤 체험을 했는지 지금 어떤 기분인지를 털어놓을 수 있습니다. 또 이렇게 자신을 도와주는 사람이 있다는 사실에서 연결을 느끼고 고독함을 덜 느낄 수 있을 것입니다.

자신이 슬픔의 프로세스를 지나는 중이라고 인식하는 것

은 큰 의미에서 자신과 세계와의 연결을 유지하기 위한 하나의 방법입니다. '인간은 소중한 사람을 잃어버린 후에 이런 과정을 거치게 된다'는 인식을 갖고 있으면 자기 혼자만 이 세상과 단절되었다고 느끼지 않아도 되니까요. 어떤 사람에게나 소중한 사람이 있고 그 사람을 잃어버리면 똑같은 프로세스를 거칩니다. 이것만 알아도 무겁고 쓸쓸한 감정은 점점 가벼워집니다.

• POINT •

인간은 소중한 뭔가를 잃으면
반드시 슬픔의 프로세스를 거쳐야 한다.

상실감에 대처하는
인간의 자세

　누구나 사별이나 좋아했던 사람과의 이별 등 상실을 겪게
됩니다. 그런데 이때 어떤 의미를 부여하느냐에 따라서 상실
감이 커질 수도 있고 작아질 수도 있습니다. 이를테면 나이
드는 것을 생각해봅시다. 왠지 쓸쓸해집니다. 인간은 사라져
가는 젊음과 가능성에 주목하기 때문입니다. 또 나이 드는 부
모님의 모습을 실감해도 쓸쓸해집니다. 그것은 지금까지 자
신을 키워준 '강한 부모의 상실'에 주목하기 때문입니다.

　이러한 감정을 느끼는 것은 어떤 의미에서 당연합니다. 다

만 있는 그대로의 나와 있는 그대로의 부모에 주목하면 쓸쓸함을 덜 느끼게 됩니다. 있는 그대로에 주목한다는 말은 '젊은 것이 좋은 것이다'라거나 '부모는 강한 존재'라는 안경을 이제 그만 벗어야 한다는 뜻입니다. 이러한 안경을 벗으면 시야가 넓어지고 전에는 보이지 않던 것이 보이게 됩니다.

나이 드는 것에는 단점만 있지 않습니다. 오래 살수록 깊어지는 것들이 있기도 하고, 시야는 넓어집니다. 일례로 부모가 최근 들어 새로운 취미 생활을 갖게 되는 모습을 보고 인간은 꾸준히 성장한다는 것을 깨달을 수도 있습니다. 신체의 기능이 떨어져도 정신적인 성장은 계속되기 때문이지요. 그러면 자신이 그동안 외적인 조건에만 사로잡혀 있었다는 사실도 깨달을 것입니다.

또 사이가 좋았던 친구와 오랜만에 만났는데, 생활환경이 서로 달라져서 거리를 느낄 때도 쓸쓸해지죠. 이럴 때 쓸쓸함을 느끼는 이유는 변함없던 친구를 잃었기 때문입니다. 하지만 인생을 살다 보면 환경의 변화에 따라 관계가 달라지는 경우도 부지기수입니다. 각자가 성장한 결과라고도 할 수 있지요.

'사이가 좋았던 친구와 언제까지나 친하게 지내고 싶어' 안경을 벗으면 자신과는 다른 환경에서 열심히 사는 친구를 있는 그대로 받아들일 수 있습니다. 과거에 친했던 친구를 잃은 것은 사실이나 쓸쓸함은 쓸쓸함으로 받아들인 후에 지금의 자신에게 맞는 친구와의 관계를 소중히 하면 됩니다.

• POINT •
상실의 다른 면에 주목하면 보이지 않던 것들이 보인다.

소중한 친구에게
해주는 말을 자신에게도

나이가 들어 약해진 부모를 받아들이거나 오랜만에 만난 친구에게 위화감을 느끼는 것들 전부 일종의 충격으로 다가올 수도 있습니다. 충격에 대한 대표적인 반응이 바로 '쓸쓸함'이지요.

쓸쓸한 감정이 충격에 대한 반응이라는 것만 이해하면 많은 것이 수월해집니다. 그다음 중요한 것은 원래대로의 생활로 돌아가는 것뿐입니다. 지금 친하게 지내는 친구와의 생활이나 부모님과의 일상적 관계를 소중히 하면 되는 것이지요.

그것이 쓸쓸한 감정을 현명하게 넘기는 비결입니다.

가령 친구가 고민거리가 있었는데 나에게 말하지 않았을 때, '누구도 나를 필요로 하지 않는구나'라고 생각하면 심한 쓸쓸함을 느끼게 됩니다. 친하다고 믿었던 친구가 나를 의지하지 않고 다른 사람을 의지했다니! 충격 그 자체이니까요. 더 나아가 자신감까지 흔들려버리면 아무도 나에게 의지하지 않고, 나를 필요로 하지 않는다고 생각하며 쓸쓸함의 악순환에 빠지게 됩니다. 이럴 때 자기 안에서 균형을 잡기 위해 '만약 타인에게 똑같은 일이 일어난다면'이라고 생각해봅시다. 앞에서 말했던 자학의 안경을 깨닫는 것과 같은 방식입니다.

당신의 한 친구가 다른 사람에게 의지가 되지 못했다고 우울해하는 모습을 상상해보세요. 당신은 친구를 위해 뭐라고 말해줄까요? 설마 "맞아. 너는 이 세상 누구에게도 필요치 않은 존재야"라고 말할까요? 그렇지 않겠죠. 사람이 누군가를 의지하지 않을 때는 여러 가지 이유가 있습니다. 그 사람이 누구에게도 의지하지 않는 타입인지도 모릅니다. 그 고민거리는 다른 사람이 더 잘 해결해줄 수 있는 것이었는지도 모르고요. 아니면 마음의 여유가 너무 없어서 우연히 눈앞에 있는 사람에게 의지했는지도 모릅니다.

당신은 친구에게 이 수많은 가능성들을 이야기해주겠죠. 거기에 더하여 "이해해, 친구가 의지해주지 않으면 충격이지"라는 말을 해줄지도 모릅니다. 이런 다정한 말을 왜 자기 자신에게는 잘 해주지 않을까요?

혹시 '하지만 내 경우는 다르지 않을까?'라는 의문이 든다면 충격에 반응한다는 증거입니다. 충격에 대해 반응할 때는 자연스럽게 자신의 부족한 점을 찾게 되거든요. 나의 부족한 점 때문에 내게 의지하지 않은 것이라고 생각하고 싶은 거죠.

충격을 받았을 때의 원칙은 늘 같습니다. 자신에게 현재 일어나는 일들이 충격에 대한 반응임을 인정합시다. 충격을 받은 이상, 심한 쓸쓸함에 빠질 수밖에 없습니다. 그럴 때 '같은 일이 다른 사람에게 일어났다면 해줄 말'을 생각해보세요.

마음의 토대가 생겨서 흔들리지 않고 빠르게 회복할 수 있으리라 생각합니다. 그러면 순조롭게 평소의 생활로 돌아갈 준비를 할 수 있을 것입니다.

• POINT •

친구에게 해주는 다정한 말을
왜 자기 자신에게는 해주지 않을까?

나의 미숙함을
받아들이는 법

우리는 가끔 긍정의 힘을 지나치게 믿는 것 같습니다. 모든 고민을 해결해주는 마법의 주문인 양 '다 잘될 거야'를 외치고는 하지요. 심지어 슬픔에 빠져 있는 사람들에게 긍정적인 생각을 하라고 너무 쉽게 말하고는 합니다. 하지만 걱정을 멈추고 적극적으로 행동하라는 등의 막무가내식 긍정적인 사고는 마음의 유연함이 나오는 출구를 닫아버립니다.

충격에 대한 반응이든 슬픔의 프로세스든 인간에게는 그 나름대로 밟지 않으면 안 되는 과정이 있습니다. 그런데 무턱

대고 긍정적인 사고를 하라고 강요하면 자신에게 필요한 과정을 놓치게 됩니다. 인간이 정말로 적극적으로 살기 위해서는 과정을 차근차근 밟아나가는 것이 훨씬 중요한데 말입니다.

슬픔의 프로세스를 지나고 있을 때 '언제까지 고민만 하고 있어서는 안 돼!'라고 자신을 다그치면 혼란을 겪거나 정체됩니다. 더 심한 경우에는 역행을 할 수도 있습니다. 자신만의 속도를 지켜야 하는 시기에 '나는 강하니까 괜찮아!'라고 무리하게 되면 뒤늦게 마음의 병을 앓을 수도 있습니다. 또한 '느끼는 게 당연한 불안'을 부정해버리면 도리어 더 큰 불안을 느끼게 됩니다. 더 심하게 신경을 쓰게 되죠. 짜증이 나는 자신을 미숙하다고 부정하면 도리어 짜증이 늘어납니다.

모든 감정에는 의미가 있습니다. 모두 이유가 있기 때문에 생겨나는 감정이지요. 그런 것들을 무시하고 무작정 긍정적으로 생각하라니요. 그거야말로 있는 그대로의 자신을 부정하는 꼴입니다. 긍정적인 사고를 하는 사람은 타인에게도 긍정적으로 사고하라고 강요합니다. 그러지 않으면 마음이 안정되지 않으니까요. 늘 긍정적이 되려고 무리를 하다 보니 안정적으로 있을 수 없는 것입니다.

뭔가를 상실했을 때 슬픔의 프로세스를 거치는 것도, 상황에 맞게 다양한 감정을 느끼는 것도 전부 당연히 겪어야 하는 과정입니다. 정말로 긍정적으로 살고 싶다면 자신을 있는 그대로 받아들입시다. 감정을 그대로 받아들일 줄 안다면, 작은 것들에 일일이 지나치게 신경 쓰고 연연하는 마음의 작용을 막을 수 있게 될 것입니다.

• POINT •

우리는 상황에 맞는 다양한 감정을 느낄 뿐이다.
받아들이고 인정하라.

현명하게
체념하라

오랫동안 준비한 프레젠테이션, 지망하던 회사의 면접 등 중요한 순간에 적절하게 대처하지 못한 경험이 있나요? 이런 경험은 오랫동안 잊히지 않습니다. 사람들 앞에서 공개적으로 주의를 받거나 야단을 맞은 경험도 마찬가지입니다. 내내 신경이 쓰이고 그때의 기억을 떠올리게 됩니다. 또한 이후의 행동에도 영향을 미치게 됩니다. '또 같은 실수를 하면 어쩌지'라는 생각에 온갖 일에 대해 소극적이 되고 사람들 앞에 나서는 것이 두려워지지요.

이것이 지금까지 여러 번 설명한 바로 그 '충격'입니다. 사람들 앞에서 실패하면 충격을 받습니다. 그러면 그 충격이 마음속 깊이 새겨지는 동시에 두 번 다시 충격을 받고 싶지 않은 상태가 됩니다.

이럴 때도 충격에 대한 대응의 원칙은 변하지 않습니다. 지독하게 안 좋은 일을 겪었다는 사실을 인정해야 합니다. '아, 나는 지금 충격에 반응하고 있구나'라고 생각하면 충격 자체는 차츰 진정될 것입니다. 스스로 충격을 받은 상태임을 인지하고 충격이 가라앉으면 원래대로의 생활로 돌아가면 됩니다. 그게 일상 업무이거나 청소나 세탁 등의 집안일이어도 괜찮습니다. 매일 의식적으로 해냄으로써 마음의 평온을 되찾으면 됩니다. 물론 실수한 것을 절대 잊지 못하는 사람도 있습니다.

충격에서 회복하기 위해서는 '뭐 어떻게든 되겠지'라는 자세를 취할 필요가 있습니다. 하지만 충격을 받으면 '뭐 어떻게든 되겠지'라는 생각이 잘 안 듭니다. 내려놓을 줄 아는 여유로운 마음을 잃어버리게 되는 겁니다. 여유는커녕 경계심이 발동되어 주변도 자신도 의심하게 되는 것입니다.

발가락을 어딘가에 부딪쳤을 때 한동안 찌릿한 통증이 계속된다고 말씀드렸죠. 마음도 그와 같아서 회복하려면 시간이 걸립니다. 그리고 그 사이에 부정적인 기분이 싹트게 됩니다. 단지 그뿐입니다. 그런데 쓸데없이 의미를 부여해서 '언제까지나 잊지 못하는 내가 한심해'라고 자신을 책망하면 '뭐 어떻게든 되겠지'라는 자세는 영원히 갖지 못합니다. 즉 안달복달할수록 실제로 회복이 늦어지게 됩니다. 그러니 지금은 잊지 못해도 괜찮다고 스스로를 다독여줍시다. 실수한 걸 잊지 못하는 나여도 괜찮다고 말해주세요.

충격을 받으면 누구나 한 번은 좌절합니다. '충격을 받아서 반응하는 것뿐이야'라고 받아넘길 수 있느냐, '왜 나는 이 모양일까' 하고 자기 부정에 빠지느냐에 따라 경과가 달라집니다. 물론 전자가 회복이 훨씬 빠릅니다. 이런 때를 대비하여 충격을 받았을 때 자신이 어떤 반응을 보이는지 잘 알아두는 것이 아주 중요합니다. 처음에는 조금 어려울 수 있어도 조금씩 연습을 하다 보면 충격에 요령 있게 대처할 수 있는 멘탈을 만들 수 있을 것입니다.

• POINT •

'뭐 어떻게든 되겠지'라고 생각해야 회복이 빠르다.

무엇보다 중요한 것, 마음의 평화

여러분 인생의 목표는 무엇인가요? 다소 거창한 질문이라 답하기에 어려울 수도 있겠지만, 이 질문은 아주 중요합니다. 인생에서 무엇을 목표로 하느냐에 따라 사는 모습도 크게 달라지기 때문입니다. 어떤 사람은 돈을 많이 벌겠다는 것을 목표로 하고, 어떤 사람은 사회적 지위를 얻겠다는 목표를 이야기합니다. 그러나 이런 것들을 유일한 목표로 하면 하루하루 100미터 달리기를 하는 기분으로 살아야 합니다. 다른 중요한 가치를 일부러 모른 척하면서요.

그렇다면 '마음의 평화'를 목표로 하는 삶은 어떨까요? 사회에서 오래도록 활약하고 인망이 두터운 사람들을 보면 마음의 평화를 유일한 목표로 삼고 살아가는 경우가 많습니다. 안달복달하는 인생에서 가장 중요한 가치를 스스로 찾아낸 사람들이죠.

세상에는 지금의 내 힘으로는 어떻게도 안 되는 일이 부지기수입니다. 사회적인 일, 환경 문제, 더 가깝게는 직장 내 문제까지. 그럴 때 지독한 무력감에 사로잡히면 자신이 너무나도 보잘것없는 존재로 느껴집니다. 나는 뭘 해도 안 될 거라는 패배감을 느끼기까지 하지요. 이런 순간에도 '마음의 평화'를 다시 떠올려봅시다. 무엇보다 중요한 것이 내 마음의 평화가 되면 자연히 지금까지와는 다른 의식을 갖게 됩니다. 환경이 어떻든 간에 마음의 평화를 얻기 위해 행동할 수 있으면 주변 사람들도 덩달아 마음이 편안해집니다.

마음이 평화롭다는 것은 힘겨루기를 하지 않는 상태입니다. 상대와 나 자신 중 어느 쪽이 옳은가 싸우지 않으면 현실과 싸우는 일도 없습니다. 사람들에게 다양한 의견을 듣고도 어떻게 행동해야 좋을지 모를 때는 마음의 평화를 최우선으로 생각해봅시다. 상대가 이해하지 못하는 말이나 행동을 해도 '뭔가 사정이 있겠지'라고 생각하면 마음의 평화를 유지할 수 있습니다.

물론 상대의 말과 행동을 전부 받아들일 필요는 없습니다. 스스로 옳다고 판단한 행동을 그대로 실행하면 됩니다. '내가 한 말이 옳다'고 상대에게 강요할 필요도 없습니다. 마찬가지로 받아들이기 힘든 현실에 직면했을 때도 '현실은 현실이야'라고 생각하면 마음의 평화는 유지됩니다.

제가 이 책을 통해 말한 대부분의 이야기들은 궁극적으로 마음의 평화를 만드는 방법과 연결되어 있습니다. 조금도 무리하지 않고 자신이든 타인이든 있는 그대로를 인정하며 지금을 살아간다는 마음. 그 마음으로 하루하루를 살 때 우리는 갖고 있는 힘을 최대한 발휘할 수 있습니다. 모든 것에 연연하며 안달복달할 때는 절대 생기지 않는 힘입니다. 오늘부터는 자신을 채찍질하는 모든 목표로부터 멀어져 오로지 자기 자신을 위한 '마음의 평화'를 새로운 목표로 설정하면 어떨까요? 마음의 평화는 당신의 가장 잠재된 힘을 이끌어낼 것입니다. 스스로를 지치고 힘들게 만드는 것들로부터 당장 벗어나 자력으로 당당히 앞으로 나아가는 길입니다.

• POINT •

마음의 평화를 목표로 하는 사람은
무리하지 않는 인생을 산다.

PART 4

건강한 멘탈은
건강한 몸에서
온다

남에게 잘 보이려고 하면
피곤해진다

그런 말은 하지 말걸.

그 사람은 나를 어떻게 생각할까?

데이트를 하고 돌아오는 길에 이런 생각들을 잔뜩 하다가 우울해진 적이 있지 않나요? 이렇게 사소한 일에도 마음이 쓰이는 경우가 허다합니다. 정말로 하지 않아도 될 말을 해버렸을 때라면 이해합니다. 하지만 사소한 일에 신경 쓰는 사람들은 멀쩡한 말들을 하고 왔음에도 괜한 말을 했나 싶어 계속해서 그때의 대화를 곱씹습니다.

물론 사랑에 빠지면 내가 상대에게 어떻게 보이느냐는 가장 큰 관심사겠지요. 하지만 데이트가 아니라 가벼운 모임에 참석하고 돌아오는 길에도 이런 기분을 느낀 사람이 적지 않을 겁니다. 이 책을 읽고 있는 독자라면 특히 그럴 것이라 생각합니다. 만남을 끝내고 돌아오는 길에 기분이 찝찝하다면 그 원인은 주로 두 가지로 생각해볼 수 있습니다.

첫째는 기분의 기복 때문입니다. 인간의 기분은 하루에도 몇 번씩 널뛰듯이 바뀝니다. 데이트나 지인들의 모임에 참석할 때처럼 분위기가 화기애애할 때는 평소보다 기분이 고양되죠. 그러다 혼자가 되면 기분은 고양되었던 그만큼 다시 가라앉습니다. 예컨대 기분이 들떠서 평소라면 하지 않을 말을 해버렸다면 그만큼 혼자일 때 그 상황을 곱씹으며 후회할 확률이 높습니다.

가라앉은 우울한 마음은 가족과 함께 있거나 다른 사람과 대화를 나누는 동안에 다시 회복됩니다. 단순히 시간이 지나도 안정되죠. 그러니 다른 사람과 만나서 위화감을 느꼈다고 거기에 일일이 휘말릴 필요는 없습니다. '아아, 지금까지 흥분했으니 이제 그만큼 기분이 가라앉겠구나'라고 이해하면 충분합니다. 마음의 구조에 맞춰 기분이 심하게 널뛸 때는 너무 흥분하지 않게 기분을 컨트롤하면 됩니다. 즐거운 자리에서 지나치게 흥분하지 않도록 자제하면 나중에 기분도 덜 가라앉을 것입니다.

둘째는 긴장에서 오는 피로 때문입니다. 다른 사람과 함께일 때 좋은 얼굴을 보이려 하면 쉬이 피로해집니다. 데이트를 할 때도 '잘 보이고 싶다'라고 생각하고 있으면 내내 긴장하여 피로가 쌓이게 되죠. 그러면 데이트를 끝내고 혼자가 되었을 때 피로가 한꺼번에 터져 나오게 됩니다. 피로와 우울함은 친구 사이입니다. 피곤해지면 기분이 우울해집니다.

긴장에서 오는 피로의 경우도 휴식을 취하면 해소할 수 있습니다. 불안할 때는 '피곤하니까 필요 이상으로 신경이 쓰이나보다'라고 생각하며 불안을 잠재웁시다. 자신에게 무슨 일이 일어났는지를 알면 '알 수 없는 것'이 사라져서 불안이 줄어드는 효과가 있습니다. 상대와 헤어진 후에 밀려오는 우울함은 함께 있을 때 내가 얼마나 '있는 그대로의 나'를 숨기고 있었는지를 말해주기도 합니다. 데이트 후에 불안함을 줄이고 싶으면 데이트하는 동안에 상대에게 잘 보이고 싶은 마음을 가능한 한 버리는 것이 효과적입니다.

꾸미지 않은 자연스러운 모습으로 함께 있을 수 있는 것이 무엇보다 행복입니다. 그러니 있는 그대로의 나를 받아들여 줄 파트너를 찾는 건 아주 가치 있는 일입니다. 그런데도 '꾸미지 않으면 나를 싫어하겠지!'라는 생각이 든다면? 그런 상대와 왜 함께 있으려 하는지를 한번 진지하게 생각해보세요.

• POINT •

상대에게 잘 보이려는 마음을 버리면
불안이 줄어들고 편안해진다.

오늘부터 편안하게
잠드는 방법

늦은 밤 혼자 집에 있을 때 괜히 쓸쓸해질 때가 있지 않나요? 딱히 그럴 만한 이유가 없는데도 센티한 기분이 드는 밤, 우리는 누군가와 함께 속마음을 진솔하게 나누고 싶어집니다. 그럴 때는 안 하던 SNS에 글을 올려보기도 하지요. 오랜만에 올린 글에는 댓글도 달리지 않고 쓸쓸한 기분은 더 심해집니다. 하지만 이런 기분 자체는 별 문제가 되지 않습니다.

인간의 두뇌는 하루 종일 활동하는 사이에 지치고 피곤해집니다. 우리는 기력이나 체력이 소진되면 그것을 쉽게 알아채고 신경을 씁니다. 하지만 뇌가 얼마나 힘들어하는지에 대해서는 관심을 두지 않지요. 특히 밤이 되면 뇌의 지적 영역에 피로가 밀려와서 감정적이 되기 십상입니다. 낮에는 지적 영역이 알아서 감정을 컨트롤하지만 밤이 되면 그 힘이 약해져서 감정이 제멋대로 표출된다고 생각하면 이해하기 쉬울 것입니다.

일을 마치고 집에 돌아오는 밤길에 쓸쓸함을 느낀다면 피로한 탓이 클 것입니다. 피로와 쓸쓸함에는 상당한 관련성이 있습니다. 피곤하면 '지금'에 집중하기도 어려워지고 자신과의 연결감도 잘 느끼지 못합니다.

내가 지금 고독함을 느낄 정도로 몸이 피곤하구나

고된 일을 마치고 돌아오는 길에 허무함과 고독함이 느껴진다면 이렇게 생각해보면 어떨까요? 그 생각만으로도 기분이 몰라보게 달라질 겁니다.

또 밤이라는 환경도 우리를 쓸쓸하게 만듭니다. 밝은 낮에는 수많은 사람에 둘러싸여 있다가 바깥이 어두워지고 대부분의 사람이 집으로 돌아가 나 혼자 빈 공간에 있게 되는 시간은 원래 쓸쓸함이 느껴지는 때이기도 합니다. 이럴 때의 해결책은 아주 간단합니다. 바로 '자는 것'입니다. 밤에 찾아오는 쓸쓸함이란 깊은 수면만으로 해결할 수 있는 감정이지요. 잠으로 기분을 회복한 경험을 거듭하다 보면 몸과 마음의 연결에 대해 새로운 인식을 갖게 될 것입니다. 자신의 기분을 다스리는 첫걸음을 떼는 것이지요.

밤에 느끼는 고독은 자신이 진짜로 느끼는 고독보다 과합니다. 낮에는 진짜 감정이 억제되고 밤에 느끼는 기분이 더 진짜라고 생각할지도 모르지만 그렇지 않습니다. 인간은 지적인 생물입니다. 지성과 감정의 균형이 잡혔을 때 느끼는 것들이 진짜입니다. 우스갯소리로 새벽에 쓴 편지는 아침에 다시 한 번 확인해봐야 한다고 말하지요. 밤사이 우리의 감정은 필요 이상으로 격앙되어 있거나 과장되어 있습니다. 무턱대고 사람이 그립다면 당장 그 사람에게 전화하는 식의 후회할 행동을 하는 것보다 잠을 자서 두뇌를 쉬게 하는 것이 제일입니다.

밤의 당신에게 필요한 것은 인생의 허무함에 대한 치열한 고민이 아닙니다. 그저 생각을 멈추고 몸과 마음을 편안하게 해주는 시간입니다. 쓸쓸함 자체를 어떻게 하려 들지 말고 지친 자신에게 평소보다 더 많은 영양과 휴식을 공급합시다. 푹 자고 피로가 풀리면 다음 날 아침, 쓸데없는 생각을 접고 다시 적극적으로 일에 나서게 될 겁니다.

자고 싶지만 쓸쓸해서 좀처럼 잠들지 못하는 경우도 있죠. 그럴 때도 역시 몸에 맡겨야 합니다. 잠자기 전이니 에너지를 발산하기보다 긴장을 풀고 마음을 느긋하게 두는 것이 효과적입니다. 밤늦게 몸이 흥분되는 운동을 하면 도리어 잠들지 못한다고 알려져 있습니다. 자신의 몸을 따뜻하게 어루만져주는 요가나 스트레칭은 어떤가요? 호흡에 집중해도 마음이 진정됩니다.

잠이 안 온다고 너무 걱정하지 말기를 바랍니다. 잠들지 못한 채 쓸쓸해하는 친구가 있다면 밤늦도록 다정하게 이야기를 들어주며 감정적 지지가 되어줄 것이잖아요? 자기 자신에게도 그렇게 다정히 곁에 있어준다고 생각해보세요. 잠을 자든 깨어 있든 그 시간을 함께해준다는 생각으로요. 어느 틈엔가 편안히 잠에 들게 될 거예요.

• POINT •
지나치게 감상에 빠지는 밤에는
생각을 멈추고 잠에 들어라.

예정대로 안 될 때는
그냥 쉰다

매일의 생활은 좀처럼 뜻대로 되지 않습니다. 그 와중에 제대로 처리하지 못한 일이 두고두고 신경이 쓰입니다. 빨래도 청소도 식사 준비도 모두 하려고 했는데 피곤해서 잠이 들어버렸다며 자책하고 후회할 때도 있죠. 하지 못한 건 하지 못한 것. 그것이야말로 인정하지 않으면 안 되는 현실입니다.

현실과 싸워봤자 이길 가망이 없다고 앞에서 말했습니다. 현실을 받아들이지 못할 때 가장 문제가 되는 것은 앞으로 나아가지 못한다는 점입니다. 하지 못한 일이 마음에 걸리면 왜

하지 못했는지를 후회하고 자책하느라 영원히 멈춰 서게 되지요.

이 상황을 감정적으로는 이해할 수 있습니다. 하지만 언제까지나 두고만 볼 수는 없습니다. 이 상황을 타개하기 위해 앞에서 설명한 슬픔의 프로세스를 활용해보세요. 하려고 했던 일을 하지 못했다는 것은 '했어야 하는 미래'의 상실을 의미합니다. '빨래, 청소, 식사 준비를 했어야 하는 나'를 잃어버렸다고 생각하면 거기에 일련의 감정적인 프로세스가 작동합니다.

즉 하고 싶었던 일을 하지 못했으니 후회하는 것이 당연합니다. 그러니 그건 그것대로 느끼면서 행여나 다른 선택지가 있지 않았는지 곰곰이 생각해봅시다. 하려고 한 일을 하지 못했다면 거기에는 반드시 이유가 있을 겁니다. 이를테면 '지쳐서 자버렸다'는 것도 충분한 이유가 됩니다. 인간은 생명을 유지하기 위해 피곤하면 잠을 자도록 만들어졌습니다. 피곤한데 잠을 자지 못하면 생명의 위기에 처하게 되죠. 잠에 들어버렸다고 자신을 자책할 필요는 없어요. 분명히 말할 수 있는 것은 어떤 사람도 '할 수 있는 일은 한다'는 점입니다.

　좀 더 노력하면 할 수 있는 일이 많을 텐데, 난 너무 게으르고 노력이 부족해.
　다른 사람은 더 열심히 살고 있을 텐데.

　이렇게 생각하는 사람도 많겠죠. 하지만 그 시점에 그것밖에 노력하지 않은 데는 역시나 이유가 있습니다. 피로가 쌓였다, 기력이 없다, 우울하다, 다른 일에 정신이 팔렸다 등등. 어떤 일이든 하지 못한 데는 다 이유가 있습니다. 그리고 할 수 있는 일은 누구나 제대로 하고 있습니다.

　'하지 못했다'는 사실을 받아들이지 못하는 건 소중한 사람을 잃어버린 사실을 인정하지 못하고 과거에 매여서 사는 것과 똑같습니다. '하려고 했는데 나도 모르게 잠이 들고 말았다. 하지만 그만큼 몸이 잠을 필요로 했다는 뜻이야'라고 인정합시다. 그리고 계획대로 하지 못해서 후회된다면 그 감정을 그대로 느끼면서 뜻대로 하지 못한 나를 다독여주고 앞으로 나아가세요. '하지 못했다'는 사실에 언제까지나 머물고 있는 것은 시곗바늘을 스스로 멈추고 있는 것과 매한가지입니다.

• POINT •

어떤 일을 하지 못한 데는 다 이유가 있다.
나를 다독여주고 놓아줘라.

습관적으로 자신을
다그치는 사람들에게

다이어트를 결심해놓고 친구와 저녁을 먹으러 가서 디저트까지 먹은 자신을 질책한 적이 있나요? 스스로 정한 일도 지키지 못해서 다시 살이 쪘다며 자책했겠지요. 디저트를 먹으며 느낀 모처럼의 즐거운 기분은 또 어디론가 사라졌을 테고요.

다이어트 중 맛있는 걸 먹는 시간은 귀중한 휴식 시간입니다. 디저트란 다이어트 중에는 좀처럼 맛볼 수 없는 행복입니다. 그런 행복한 시간을 우울해하며 지내다니 너무나 아까

운 일입니다. 게다가 그런 후회가 폭식으로 이어져서 결과적
으로 다이어트에 실패할지도 모릅니다. 원래 다이어트란 일
시적으로는 잘 되는 듯이 보여도 성공하기기 쉽지 않습니다.
왜냐하면 대부분이 꼭 필요하지 않은 다이어트이기 때문입니
다. 인간의 몸은 자연스럽게 균형을 유지하도록 만들어졌습
니다. 그래서 그 균형을 깨고 살을 빼려고 해봤자 결국 원래
대로 돌아오게 됩니다. 장기적으로 성공하는 다이어트는 생
활습관을 바꾸는 방법밖에는 없습니다.

　평소에 정크푸드만 먹는 사람이나 몸을 충분히 움직이지
않는 사람이 신선한 재료를 맛보는 건강한 식생활로 바꾸고
운동을 즐기게 되면 다이어트 효과가 나타날 것입니다. 제가
아는 한 그것이 유일하게 성공하는 다이어트입니다. 그 이외의
방법으로는 요요가 오거나, 다이어트에 집착해서 섭식장애에
걸리는 등 전부 성공하지 못하는 길을 걷게 됩니다.

　다이어트 성공의 비결 또한 지금을 즐기는 것입니다. 미래
의 결과에 사로잡혀 현재를 잃어버리는 다이어트는 결코 성

공하지 못합니다. 또한 먹고 나서 후회하는 건 지금을 즐긴다는 취지와 어긋납니다. 그러니 저녁을 먹기로 결심했다면 그리고 디저트를 먹기로 결심했다면 지금을 철저히 즐기면 되는 것입니다. 물론 칼로리를 적정 수준을 넘게 섭취했으니 내일부터는 다시 열심히 다이어트를 해야 합니다.

그리고 지금에 집중하기 위한 또 다른 비결은 바로 몸을 쓰는 것입니다. 그러니 이참에 몸으로 느낄 기회를 만들어줍시다. 불안해질 때는 일단 몸을 움직여주는 것이 좋습니다. 달리기를 하거나, 걷거나 요가를 하거나 스트레칭을 하는 등 실제로 몸을 움직이면 '아, 기분 좋아', '숨이 차', '근육이 풀어지는 것 같아' 등 지금의 감각에만 집중할 수 있어 잡생각이 사라집니다.

몸을 움직이는 것과 동시에 오감을 쓰는 것도 추천합니다. 깨끗한 공기를 들이마시거나 음식을 맛있게 먹거나 아로마처럼 좋은 향기를 맡는 것도 몸을 통해 지금을 느끼는 방법 중 하나입니다. 감정적이 되었을 때는 자리를 피해 잠시 화장실에 다녀오는 것도 기분전환에 도움이 됩니다. 또 방이나 환경을 바꿔도 지금을 상기하는 데 효과가 있습니다. 뜻대로 일이 잘 안 풀리거나 가슴 아픈 일이 있어서 울적할 때는 일단 몸에 맡겨보세요. 몸은 든든한 내 편이 되어줄 것입니다.

• POINT •

일단 몸을 움직여라.
가라앉은 기분이 좋아질 것이다.

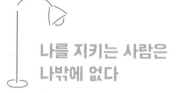

나를 지키는 사람은
나밖에 없다

퇴근하는 길에 부탁받은 일을 거절하지 못하고 떠맡는 바람에 피로가 쌓여 정작 자신이 하고 싶은 일을 하지 못하고 후회하는 경우를 생각해봅시다. 후회란 자신을 탓하는 것입니다. 일을 맡지 말걸 후회하고 있다면 거기에는 일을 거절하지 못한 자신에 대한 책망이 깔려 있습니다.

하지만 남이 부탁한 일을 하느라 피로가 쌓인 것으로 이미 피해는 충분히 입었습니다. 본래 위로받아야 할 입장에 있는 자기 자신을 책망할 필요는 없습니다. 이때 자신에게 해줄 말

은 '고생 많이 했네', '하고 싶은 일을 하지 못해서 안타깝다'
입니다. 이렇게 자신을 위로해준 다음에는 앞으로는 남보다
나 자신을 좀 더 소중히 여기자고 다짐하면 충분합니다.

　일단은 하루만이라도 '퇴근하기로 정한 시간에 퇴근하는
날'을 정해보는 건 어떨까요? 그리고 누가 일을 부탁하면 "미
안해요, 오늘은 볼일이 있어서"라고 말하고 거절합시다. '볼
일이 있다'라고 하면 거짓말하는 기분이 든다고 말하는 사람
도 있을지 모릅니다. 하지만 자신을 보살피는 것은 아주 중요
한 볼일입니다. 다른 사람의 볼일을 우선하고 자신의 볼일을
뒤로 미루다니 말이 안 되는 일입니다. 자신을 지킬 사람은
자기밖에 없습니다.

• POINT •

남의 부탁을 거절하지 못한 자신을 책망하지 말 것.

PART 5

불안을 잠재우고
단단한
마음으로

불안한 감정의
쓸모

안정적인 심리 상태를 필요로 하는 사람에게 가장 성가신 것은 시시때때로 불안해지는 감정이 아닐까요? 사람은 불안해지면 어떻게든 거기에서 벗어나려고 여러 가지 행동을 취하게 됩니다. 도움을 받고 싶어서 다른 사람에게 의존하기도 하고 잠깐의 안심을 얻기 위해 나쁜 것에 매달리기도 합니다. 때로는 어떤 특정한 것을 손에 넣으면 안심할 수 있을 거라고 착각하고 중독에 빠지기도 하지요. 하지만 그러면 점점 마음이 옴짝달싹 못 하게 되어 자유로운 생각과 행동에 제약을 받습니다.

또한 실패를 두려워하여 새로운 것을 시도해보고 싶은데도 하지 못한 적도 많을 것입니다. 이는 반대로 생각하면 불안이라는 감정을 잘 통제할 수만 있다면 어디에 가든 무엇을 하든 자유로운 선택을 할 수 있으며 자신감 넘치는 하루하루를 보낼 수 있다는 뜻이 됩니다. 그렇다면 불안감에 휩싸이지 않으려면 어떤 사고방식이 필요할까요?

일단 불안에 대한 우리의 고정관념부터 없애봅시다. 언뜻 보기에 불안은 성가신 감정으로 느껴질 수도 있지만 실은 아주 쓸모 있는 감정입니다. 인간에게는 불안 외에도 분노, 실망, 슬픔, 질투 등 다양한 감정이 있습니다. 이런 어두운 감정은 아예 없었으면 좋겠다고 생각할지도 모르지요. 하지만 전부 우리 자신을 지키기 위해 생겨나는 감정입니다.

예를 들어 뜨거운 것에 데었을 때 '앗, 뜨거워!'라고 느끼지 못한다면 화상을 입게 됩니다. 또 어디가 다쳤을 때 '앗, 아파!'라고 느끼지 못한다면 방치했다가 목숨이 위태로워질지도 모릅니다. 이런 느낌 자체는 고통스러운 감각이라서 되도록 느끼고 싶지 않겠지만 만약에 정말로 느끼지 못하게 된다면 어떻게 될까요? 이 감각들은 우리를 지켜주고 보호해주고 있습니다. 그런 의미에서 감정은 마음의 감각이라 할 수 있습니다. 신체의 감각이 내 몸의 현재 상태를 가르쳐준다면 감정은 내 마음 상태를 알려주는 센서인 것입니다.

불안은 안전하지 않다는 것을 알려주는 감정입니다. 어두컴컴한 산길을 걸을 때 아무런 불안도 느끼지 못한다면 방심하여 느긋하게 걷다가 굴러 떨어질지도 모릅니다. 불안하니까 신중하게 한 발 한 발 내딛을 테고, 혹은 불안하다는 이유로 더 이상 걷지 않기를 선택할 수도 있습니다. 다른 사람을 대할 때도 그렇습니다. 처음 만난 사람에 대해서는 잘 모르니까 즉 '안전하지 않으므로' 신중하게 대합니다. 낯선 사람에게 자신에 대한 정보를 알려주지 않으면서 조심스럽게 대하는 태도는 안 좋은 상황에 빠질 위험성을 낮춰줍니다.

다른 감정들에도 각각의 의미가 있습니다. 따라서 부정적인 감정을 느낄 때는 그것을 부정하지 말고 무슨 일이 일어난 건지를 잘 살펴본 뒤 그 감정을 일으킨 원인에 잘 대처하면 그만입니다. 이는 뜨거움을 느끼면 손을 빼내거나 아픔을 느끼면 크게 다치기 전에 위험 요소를 치우는 것과 같은 이치입니다. 즉 불안은 단순히 불쾌하고 피해야 할 감정이 아니라 본래는 나를 지키기 위해 마련된 센서임을 기억하세요.

• POINT •

불안을 통제할 수만 있다면 언제든
자유로운 선택을 할 수 있다.

알지 못하기 때문에 불안한 것이다

인간은 미지未知, 즉 '알지 못하는 것'에 불안을 느낍니다. '알지 못하다'는 완벽하게 안전하지는 않다는 의미와 같습니다. 따라서 무언가를 알지 못하면 불안을 느끼는 것이 당연하고 신경이 쓰이는 것도 당연합니다.

하지만 일의 성질에 따라서는 미지를 기지既知, 즉 '알고 있는 것'으로 바꿔 불안을 해소할 수 있습니다. 이를테면 친구에게 조언을 한답시고 쓸데없는 참견을 한 것 같아 며칠 내내 마음에 걸리고 불안하다면, 혼자 초조해하기를 멈추고 친구에게 용기를 내어 물어봅시다. 걱정과 달리 친구가 "덕분에 잘 해결됐어"라고 감사 인사를 할지도 모르고, 심지어 당신의 말을 기억조차 못하고 있을 수도 있어요. 그러면 '뭐야, 이 사람은 전혀 그렇게 생각하지 않았구나'라고 안심할 수 있어 신경 쓰이던 마음이 스르륵 풀립니다. 알 수 없어서 걱정을 야기하던 미지의 영역이 사라진 것이지요.

그러나 평범한 생활을 하는 한 우리는 미지를 피하며 살아갈 수 없습니다. 끊임없이 불안해지는 구석이 있는 것이지요. 물론 모르는 것을 아는 것으로 바꾸기 위해 노력한다면 불안을 줄일 수는 있겠지만 그래도 완벽하게 없앨 수는 없습니다. 어떻게 해도 잘 모르는 부분은 남기 때문입니다.

그때는 불안이라는 감정을 어떻게 받아들이는지에 따라 많은 것이 달라집니다. 무언가를 잘 모르는 상태에서는 불안감을 느끼는 것이 당연하다는 것만 인식하고 있어도 무수한 불안에서 해방된답니다. 불안을 완벽하게 없애려고 하면 또 다른 불안이 서서히 떠올라서 영원히 불안에 시달리게 되기 때문입니다. 불안의 고리는 꼬리에 꼬리를 물고 점점 그 크기를 불려서 나쁜 방향으로 나를 이끕니다. 이럴 때일수록 내 안에 커지는 불안을 잘 다스려야 합니다. 제가 계속 강조하듯 불안이라는 감정은 아주 자연스럽게 생기는 것임을 받아들이는 것이지요.

아아, 불안을 완벽하게 없앨 수는 없는 거구나

이렇게 어느 정도의 불안은 당연하다고 생각하면 마음이 훨씬 편해집니다. 자연스럽게 여러 가지 일들에 마음이 놓이게 되죠.

예컨대 중요한 프레젠테이션을 하기 전날을 가정해봅시다. '만약에 실패하면 어쩌지……'라고 생각하면 마음이 쓰이고 두려워서 잠을 이루지 못할 수도 있습니다. 이럴 때에도 역시 불안한 상상은 차례로 번지며 예민해지고 걱정이 커집니다. 내일의 프레젠테이션이 어떻게 될 것인가는 미지의 영역이라서 애초에 불안과는 무관할 수 없습니다. 너무나 자연스럽고 당연한 불안이지요.

이렇게 불안을 당연하다고 생각하지 못하면 감정을 컨트롤하지 못합니다. 그러면 불안한 곳에만 초점을 맞추는 불안의 안경을 통해 사물을 보게 되어 온갖 일이 마음에 걸리게 됩니다. 이 안경을 끼고 주변을 보면 자기도 모르게 '안전하지 않아 보이는 곳'에만 차츰 눈길이 가게 됩니다. 프레젠테이션을 하다가 벌어질 수 있는 최악의 상황만 상상하게 되는 것이죠.

앞날과 불안은 떼려야 뗄 수 없는 관계에 있으므로 미래에 대해 생각하다 보면 아무래도 불안이 따르게 됩니다. 여러분이 자기도 모르게 '만약에 그렇게 되면 어쩌지……'라는 생각을 반복하고 있다면 불안의 악순환에 빠져 있다는 걸 깨달읍시다. 미래와 불안은 한 세트이며 만약에 대해 아무리 고민해봤자 결코 안심할 수 없음을 기억해주세요.

어느 정도 불안을 느끼는 게 당연해

이렇게 생각하면 그 즉시, 불안의 안경을 내려놓을 수 있습니다. 안경을 쓴 상태에서 열심히 '안전하지 않아'라고 생각해봤자 별 의미가 없다는 걸 알기 때문입니다. 안경을 벗고 자기 자신을 보면 거기에는 '불안을 안고 힘들어 하는 나'가 있습니다. 불안이 아무리 자연스러운 감정이라고 하더라도 오랫동안 불안해하고 있었다면 심정적으로 많이 지쳐 있겠지요. 이럴 때는 불안에 지친 자기 자신을 따뜻하게 위로해주면 어떨까요? 불안한 마음에 자신을 사정없이 몰아붙이면 그러지 않아도 지친 나를 더욱 몰아세우게 됩니다.

긴장한 나머지 잠을 이루지 못할 때 '잠이 부족해서 프레젠테이션을 제대로 해내지 못하면 어떻게 하지!'라며 자신을 몰아붙이는 짓은 그만둡시다. 잠을 자지 못해 힘든 나에게 따뜻하게 다가가서 몸만이라도 쉬게 해주자는 생각으로 누우면 마음이 편안해집니다. 친한 사람을 만나 편안한 대화를 나누는 것도 좋습니다.

긴장을 풀어주기 위해 자신만의 호사스러운 시간을 보내

는 것도 좋습니다. 힘이 들 때마다 자신을 따뜻하게 어루만지는 방법을 생각해봅시다.

• POINT •

불안의 안경을 쓰고 상황을 보면 자기도 모르게
'안전하지 않은 곳'에 눈이 간다.

인생이 가뿐해지는
4가지 마음의 기술

머릿속이 마치 불안을 생산하는 공장처럼 돌아갈 때가 있지 않나요? 내일의 프레젠테이션을 잘할 수 있을까를 걱정하는 사람의 머릿속이 아마 그렇겠지요. 왜냐하면 미래의 일이라 잘 될지 안 될지 모를 뿐만 아니라 '좋은 점수를 받아야 한다', '떨지 말아야 한다' '절대 실수해서는 안 된다' 등등 점점 자신을 몰아붙이는 생각들로 가득 차기 때문입니다. 이럴 때는 마음가짐을 조금만 바꿔도 불안에 얽매인 상황에서 벗어날 수 있습니다.

'실패하면 어떡하지……'라는 주관적인 시점을 '내가 만반의 준비를 해놓는다면 얼마만큼의 성과를 이룰 수 있을까?'라는 객관적인 시점으로 바꿔보세요. 준비를 한 만큼 결과가 나올 것인가를 탐구하고 실험하는 자세를 취해보는 겁니다.

과연 어떤 결과가 나올지 시험 삼아 해보자.
정말로 그렇게 되는지 한번 지켜보자.

무조건 잘 해내야 한다고 자신에게 압박을 가하는 것과는 전혀 다른 발상이죠. 그렇게 자신이 처한 상황을 한 발짝 떨어져서 객관적으로 바라보며 이를 하나의 실험으로 생각할 수 있다면 마음이 아주 편해질 겁니다. 실험이 성공하든 실패하든 거기에서 얻은 결과는 전부 장래를 위한 것. 안전하냐 아니냐는 문제는 더 이상 신경 쓰지 않게 되므로 바로 불안에서 해방됩니다.

완벽주의를 버린다

완벽한 프레젠테이션을 목표로 하면 당일에 벌어질 수많은 변수들을 두려워하고 조금이라도 부족한 점이 있지는 않은지 찾으려 하면서 끝없는 불안에 시달리게 됩니다. 대체로 불가능한 목표인 완벽은 버리고 '이 정도 준비했으면 그 정도는 할 수 있을 거야'라는 식의 작은 목표를 세우면 어떨까요? 조금은 느슨한 목표를 세우면 처음부터 부족한 면이 있는 게 당연하다고 생각하기 때문에 완벽주의를 손에서 놓게 됩니다.

* 마음의 기술 셋
다른 시점으로 생각해본다

힘들고 고통스러운 시기를 겪은 후 '아, 이걸 배우기 위해 지금까지 고생한 거구나'라고 납득한 적이 있지 않나요? 고통의 소용돌이 속에 있으면 '왜 나한텐 이런 일만……' 하고 생각하게 되지만 나중에 돌이켜보면 그 시기가 있었기에 더욱 성장할 수 있었다고 생각하게 되죠. 이런 식으로 시야를 넓히면 눈앞의 작은 일에 휘둘리지 않게 됩니다.

프레젠테이션이 성공했느냐 실패했느냐 하는 결과에는 다양한 요인이 얽혀 있습니다. 어느 정도 확실하게 준비를 하고 임해도 예기치 못한 일이 발생하여 프레젠테이션을 망치게 될지도 모릅니다. 그때 '지금 일어난 일'이라는 부분에만 집중하면 실패하면 끝장이라는 생각이 들어 불안해집니다. 하지만 전체를 보고 '실패해도 그때뿐'이라고 생각할 수 있다면 마음이 한결 편해집니다.

물론 프레젠테이션에 임하는 이상 좋은 결과를 내고 싶은 것이 사람의 마음입니다. 단 그 좋은 결과는 어디까지나 지금의 내 좁은 시야에서 생각할 수 있는 '베스트'입니다. 시야를 넓힌다면 진정한 베스트는 따로 있을지도 모릅니다. 인간이 완벽한 존재가 아니듯 우리가 만들어낸 결과에서 나오는 답도 완벽하지 않습니다. 할 수 있을 만큼 노력은 하되 자신의 힘으로 어떻게 할 수 없는 일은 큰 흐름에 맡겨봅시다.

✻ 마음의 기술 넷
결국 사람이 하는 일이다

내가 잘 할 수 있을까?

사람들이 나를 어떻게 볼까?

이렇게 "나는~"을 주어로 두어 자기 자신만을 바라보면
부족한 면이 눈에 들어와 긴장하게 됩니다. 그런데 생각해보
세요. 그 자리가 프레젠테이션을 하는 자리든 면접을 보는 자
리든 말하는 상대가 있다면 그 또한 사람과 교류하는 자리입
니다. 가령 일대일로 대화를 주고받을 때 우리는 상대방을 고
려하며 말합니다. 뭔가를 알려줄 때에도 어떻게 설명해줘야
상대방이 잘 이해할지를 생각하며 최대한 알기 쉽게 이야기
하려고 하죠.

가장 쉬운 예로 어린아이에게 말할 때를 들 수 있겠네요.
아이에게 무언가를 설명할 때 우리는 아이가 나를 어떻게 생
각할까에 신경을 쓰기보다는 아이가 최대한 잘 알아들을 수

있도록 설명하는 데에 중점을 둡니다. 프레젠테이션도 인간 관계라는 구조에서 보면 똑같습니다. '이렇게 말하면 잘 전달될까?' '내 설명을 잘 따라오고 있을까?'라는 식으로 듣는 상대에 대해 생각하면 나 자신이 어떻게 보일지를 걱정하는 마음을 거둘 수 있습니다. 그러면 긴장으로 괴로워하는 대신, 마음이 한결 여유로워져서 상대와 유대감마저 느끼게 될 것입니다.

사람 간의 교류라고 보면 프레젠테이션 전날 밤에도 마음이 여유로워집니다.

뭐, 상대도 사람이니까 열심히 하면 알아주겠지.
뭐, 상대도 사람이니까 긴장해서 내 능력을 다 발휘하지 못해도 이해해줄 거야.

이런 생각은 무조건 잘 해야 한다는 압박을 많이 줄여줍니다. 또한 이렇게 사람 간의 교류에 집중하면 설령 사람들 앞에서 실수를 해도 그때그때 상황에 맞게 대처할 수 있습니다.

자신에게만 집중하면 긴장해서 말실수를 했을 때 자신의 잘못을 자책하게 됩니다. 하지만 사람 간의 교류라고 생각하면 긴장해도 이해해주리라 생각할 수 있고 "너무 긴장해서 실수했네요"라고 활짝 웃으며 말할 수 있을 것입니다. 그 결과 외려 자리의 분위기가 좋아지거나, '난처한 순간도 자연스럽게 무마하고 넘어갈 수 있는 사람'이라는 좋은 평가를 받게 될 것입니다.

이 장에서 이야기한 불안의 근원은 완벽주의에서 시작됩니다. 성실한 사람일수록 완벽을 지향합니다. 하지만 어느 누구도 완벽하지 않죠. 인간이 로봇이 아닌 이상 당연한 일입니다. 타고난 성질이나 상황에 좌우되는 등 인간에게는 한계가 많습니다. 인생이란 그러한 한계 속에서 더 자기답게 사는 길을 찾는 것이라고 말해도 좋을 것입니다. 따라서 완벽을 지향한다는 것은 처음부터 비현실적인 선택지였죠.

완벽을 지향하기보다 할 수 있는 만큼만 열심히 하자는 마음으로 조금만 자신을 풀어주면 같은 일을 해도 스트레스가 몰라보게 줄고 그만큼 여유도 생길 것입니다.

• POINT •

인간은 완벽하지 않다.
모두가 한계 속에서 자기답게 사는 길을 찾아갈 뿐이다.

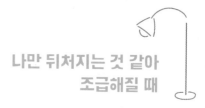

나만 뒤처지는 것 같아 조급해질 때

　같은 회사 동료가 더 나은 곳으로 이직을 하면 '나는 이대로 괜찮을까?'라고 생각하게 됩니다. 친한 친구들이 모두 결혼을 하면 '나 혼자 남겨졌다'라고 느끼기도 하죠. 우리는 자신을 채찍질하며 자기계발을 하려고 하고, 조금이라도 편안하게 쉬었다 싶으면 아무것도 하지 않은 자신을 한심해합니다. 나만 빼고 성장하고 있는 주위 사람들을 보면 조급해지지 않기가 어렵습니다.

　이것이 바로 '느끼는 게 당연한 불안'입니다. 하지만 '어느 순간에 특별히 강하게 느끼는 불안'도 존재합니다. 후자의 불안은 '이대로는 안 돼!', '정신 똑바로 차리지 않으면 끝장이야!'라는 매우 절박한 심경에서 나옵니다. 이런 불안에 사로잡히면 출구가 없는 상황에 빠지게 됩니다. 살아가는 것이 두려워지거나 열심히 하는 것을 무의미하게 느낄 정도로 무기력해지기도 합니다. 그 결과 충동적으로 일을 그만두거나 좋아하지도 않는 사람과 결혼을 하며 결국은 후회할 결정을 내리기도 합니다. 따라서 이러한 불안감을 만났을 때는 그 감정을 잘 알아채고 올바르게 대처해야 합니다.

갑작스럽게 장래에 대해 심하게 불안해지거나 스스로에게 자신감이 없어진다면 어딘가에서 자기도 모르게 받은 충격이 원인일 수 있습니다. '결혼해서 행복하게 살 수 있을까?' 불안해졌다면 건성으로 넘겨 보던 잡지에서 누군가의 행복해 보이는 결혼 생활 기사가 인상에 강하게 남았기 때문일지도 모릅니다. '나 이렇게 살아도 괜찮을까?' 불안해졌다면 누군가가 병에 걸렸다거나 경제적으로 힘들다는 이야기를 들어서일지도 모릅니다. 이런 강한 불안에 사로잡혔을 때는 불안 그 자체를 해결하려고 하지 말고 '아, 나는 충격을 받았구나'라고 생각하며 무엇에 충격을 받았는지를 찾아내는 습관을 들입시다. 충격의 원인을 찾은 뒤 원래 기분으로 되돌아오면 자신의 상황을 다시 객관적으로 바라볼 수 있게 됩니다. 여기서 중요한 포인트는 원래의 상태로 되돌아와야 한다는 것입니다. 불안에 사로잡혀 무언가를 결정해서는 안 됩니다.

불안감에 휩싸여 있을 때 균형 있는 사고를 할 수 있을 리가 없습니다. 충동적으로 결정하면 나중에는 실망스러운 결과만이 기다릴 뿐입니다. 따라서 충동에 대한 대처와 인생에 대한 생각은 각기 다른 때에 해야 합니다. 물론 인생에 대한 고민은 필요합니다. 하지만 인생에서 힘든 시기가 아니라 즐겁고 평화로운 시기에 해야 합니다. 그것이 인생을 잘 사는 비결입니다.

일이라면 '슬슬 조금 더 어려운 일을 맡아 보고 싶다'라는 생각이 강해지면서 저절로 경력이 쌓일 것입니다. 결혼이라면 연인과의 관계가 순조로울 때 자연스럽게 다음 단계를 생각하게 될 것입니다. 이러한 연속성이 있으면 잠깐 길을 잘못 들어도 바로 원래대로 방향을 조정할 수 있습니다. 하지만 해 놓은 것이 하나도 없는 곳에 겁도 없이 충동적으로 달려들면 실패로 끝났을 때 돌아갈 곳을 찾지 못하고 헤매게 됩니다.

주변 사람들의 소식으로 마음이 흔들릴 때는 '좋겠다, 나도 언젠가 이직하거나 결혼하고 싶어. 하지만 지금은 아니야'라 고 마음을 추스르고 본래의 속도로 돌아갑시다. 타인의 기준 이 아닌 자신의 기준으로, 최고의 타이밍을 노리면 되는 것입 니다.

• POINT •

불안에 사로잡혀 충동적인 결정을 내려서는 안 된다.

회사에서 지나치게
압박을 느낀다면

회사에서 실적 압박을 느낀다거나 가게 매출을 끌어올려야 하는 등 주어진 할당량이나 목표치 때문에 필요 이상으로 정신적 압박을 느끼고 있나요? 이런 사람들에게 저는 "생각은 그만 하고 어깨의 힘을 빼세요"라고 조언합니다.

부과된 목표치에 압박감을 느끼는 사람이라면 대체로 성실하고 일을 완벽하게 해내고 싶어 하는 사람일 것입니다. 그런 사람에게 어깨의 힘을 빼라거나 적당히 해도 된다는 조언은 잘 들리지 않을 겁니다. 혹시 그 조언대로 하고 싶다고 하더라도 힘 빼는 것 자체를 힘들어하는 사람도 있겠죠. 이럴 때도 지금을 사는 자세가 도움이 됩니다.

할당량에 정신적 압박감을 느낀다는 것은 미래의 결과만을 본다는 뜻입니다. 미래에 벌어질 일을 불안해하면 현재를 살지 못합니다. 미래에 신경이 쓰여서 마음이 흐트러진 상태라고 볼 수 있지요. 즉 그만큼 집중력이 떨어졌다는 뜻입니다. 그러면 당연히 목표치를 달성하기도 힘들어집니다.

'잘 안 되면 어쩌지'라고 끊임없이 걱정하는 것은 언뜻 보기에 착실하고 신중하며 일을 열심히 하는 자세라고 보이기도 합니다. 하지만 사실은 미래의 결과에 정신이 팔려서 현재를 소홀히 하는 거라고 볼 수 있습니다. 목표치는 그렇다 치고 어쨌든 당장 눈앞의 일부터 해내자는 자세로 일에 임하면 당연히 최선의 결과가 기다리고 있겠죠. 할당량을 채울지 아닐지는 해보지 않으면 모르는 일이지만 미래에 대한 걱정에 정신이 팔려 있을 때보다는 훨씬 좋은 결과가 나올 것입니다.

중요한 일을 맡았는데 자신감이 없어서 어디서부터 손을 대야 좋을지 모를 때가 있죠. 이렇게 일이나 목표에 압도될 때는 비법이 있습니다. 바로 '문제를 작게 나누는 것'입니다.

일의 크기에만 주목하게 되면 필요 이상으로 두려워집니다. 하지만 생각해보면 아무리 큰일이라도 그것은 어차피 작은 일의 집합체입니다. 예컨대 계획을 전체적으로 빈틈없이 세운다고 할 때 큰 계획도 부분으로 나누면 하나하나의 작은 일에 불과합니다. 즉 일 자체의 어려움보다 일의 규모와 성공시켜야 한다는 압박감에 압도되는 것이 진짜 문제입니다.

어디서부터 손을 대야 할까를 판단하려면 일 전체를 보면서 생각해야 합니다. 하지만 마음이 불안해지면 넓은 시야로 볼 수가 없죠. 오직 눈에 보이는 것이라곤 '이것도 해야 돼' '그것도 해야 돼'라는 일부분일 뿐입니다. 그런데 냉정하게 생각해보면 그런 일부분이 전부 연결되어 있어서 하나를 손대면 다른 하나는 자동적으로 진행되기도 합니다.

과제를 작게 나누는 방법으로는 해야 할 일을 써내려가는 방법도 있습니다. 큰 목표를 달성하고 싶으면 해야 하는 일을 적고 나서 그중에서 가장 손대기 쉬운 부분부터 시작하면 됩니다. 올라가본 적도 없는 산을 어떻게든 넘으려고 할 때 어느 경로로 가야 가장 편하게 올라갈 수 있을까요? 처음에는 당연히 잘 모릅니다. 일단 올라가봐야 어디가 좋은 길인지 알게 되지요. 아무것도 보이지 않는 기슭에서 언제까지나 고민만 하고 있으면 어느 길로 올라가야 좋은지 알 수 없습니다.

이때 다른 사람의 힘을 빌릴 수 있다면 더욱 좋겠지요. 불안은 머릿속에만 두면 어질러진 채로 자꾸만 커지지만 다른 사람에게 털어놓으면 머릿속이 정리되고 가벼워집니다. 사람들과 머리를 맞대고 브레인스토밍을 하면서 털어놓아도 좋습니다. 이 과정에서 아무런 해결 방법을 얻지 못해도 괜찮습니다. 말하는 동안에 문제가 정리되고 스스로 나아가야 할 길이 보이는 경우도 많으니까요.

여기서 말한 '문제를 작게 나눈다'는 방식에는 미래의 결과에 빼앗겼던 시선을 지금으로 옮기는 효과가 있습니다. 우리 마음속에 있는 유연함을 해방하는 키워드는 '지금'입니다. 따라서 지금 할 수 있는 것에 시선을 돌리는 것이 아주 중요합니다. 할 수 있는 일에 손을 댄다는 것은 지금에 집중한다는 뜻입니다. 그러면 미래의 결과에 시선을 빼앗겨 잃어버린 자신감도 되찾고 일할 용기도 생길 것입니다.

• POINT •

어깨에 힘을 빼야 맡을 일을 잘 해낼 수 있다.

걱정이 사라지는
간단한 훈련

나쁜 쪽으로 생각하기 시작하면 신경이 쓰여서 점점 더 멈추지 못하는 것도 불안의 특징입니다. 뭔가 한 가지 일이 불안해지면 거기에 관련된 다른 불안이 차례로 떠오르게 되고 걷잡을 수 없이 불안해지기 때문입니다. 외출했을 때, '집 문을 잠갔나? 창문은 닫았나?' 하고 신경이 쓰여서 집에 돌아가서 확인하려는 사람도 있을 것입니다. 중요한 미팅에 갈 때, 하도 불안해서 시간과 장소가 정말로 맞는지 여러 번 확인하는 사람도 있을 것입니다. 실수를 줄이기 위해 한번쯤은 확인하는 편이 나을 수도 있습니다. 하지만 도가 지나치면 몇 번이나 확인해도 마음이 진정되지 않고 걱정이 가시지 않을지도 모릅니다. 그렇게 되지 않도록 불안을 컨트롤하는 훈련을 해봅시다.

* 끊임없이 확인하는 버릇을 고치려면

불안을 어느 정도는 긍정한다고 해놓고 불안을 컨트롤할 수 있게 훈련하자니, 모순이라고 느껴질지 모릅니다. 하지만 불안을 컨트롤하는 것 또한 머릿속 불안 센서의 기본설정 오류를 원래대로 되돌리는 훈련이라고 생각하면 알기 쉬울 것입니다. 작은 일을 큰일로 받아들이는 오류를 수정하는 훈련이지요.

불안은 안전이 확보되지 않았음을 알려주는 센서입니다. 이 센서의 기본설정에 오류가 생기면 본래 안심해도 되는 일에도 불안을 느끼게 됩니다. 그러면 실제로 안전해 보이지 않을 뿐만 아니라, 머릿속에서 멋대로 상상한 안전해 보이지 않는 점에도 불안해하게 됩니다.

따라서 이럴 때는 기본설정을 원래대로 세팅한다는 느낌으로 훈련하는 것이 좋습니다. 어떤 일에 대해 불안함을 느껴도 그 상황을 참고 견디면 결과적으로 걱정했던 일은 일어나지 않습니다. 그러한 경험을 연속적으로 쌓아나가면 '이 정도 일로 심하게 불안해할 필요는 없다'는 것을 몸소 느끼게 될 것입니다.

가장 간단한 방법으로는 '문을 잠갔는지 확인하는 것은 딱 한번만 하자'라고 정하는 것이 좋겠지요. 인간은 완벽하지 않아서 때로는 깜박 실수를 하기도 합니다. 하지만 그런 실수는 한번의 확인으로 충분히 막을 수 있습니다. 한번 확인하면 나머지는 아무리 불안해도 꾹 참아봅시다. 이런 경험을 거듭하면 확인하는 버릇을 고칠 수 있습니다.

확인하는 버릇은 과거에 확인하지 않아서 일을 그르쳤던 경험 이후에 심해지는 경우가 많습니다. 즉 어떤 의미에서는 앞에서 설명한 충격에 대한 반응과도 비슷하다고도 할 수 있습니다. 전혀 문제가 없으리라 생각한 곳에서 일을 그르치면 충격을 받게 됩니다. 그러면 두 번 다시 이런 실수는 하고 싶지 않다는 생각으로 일을 그르칠 위험이 있어 보이는 곳을 줄곧 주시하게 됩니다.

무엇을 하든 노심초사하고 신경 쓰는 것이 바로 그런 현상입니다. 충격을 받았을 때는 충격을 받았다고 인정하고 원래 생활로 돌아가야 합니다. 일을 그르치고 확인하는 버릇이 심해졌다면 일단 '이건 충격에 대한 반응일 뿐이야'라고 인식합시다. 그러고 나서 지금 할 수 있는 일을 하면서 원래의 일상 생활로 돌아가면 되는 겁니다.

지금까지 별다른 실수 없이 잘 해내왔던 것에 주목하는 것도 도움이 됩니다. 곰곰이 생각해보면 지금까지 무탈한 인생을 보냈을 겁니다. 스스로는 별로 의식하지 못했지만 지금까지 착실히 잘 한 거죠. 그것을 재인식했다면 '안심의 쐐기'를 하나 박읍시다. '지금까지 내가 착실히 잘 해왔구나'라고 자신감을 갖게 말이죠. 그러면 불안해서 흔들거렸던 곳에 기반이 생깁니다.

이러한 태도는 확인할 시간이 없을 때 빠르게 익힐 수 있습니다. 가령 문을 잠갔는지 헷갈려서 다시 돌아가 확인하고 싶지만 시간이 없을 때. 그럼 그대로 회사나 학교에 갈 수밖에 없습니다. 남은 일은 집에 돌아올 때까지 그 시간을 어떤 마음으로 보내느냐는 점뿐입니다. 그럴 때에는 지금까지 실패하지 않은 자신을 믿을 수밖에 없지요. 이런 경험이 쌓이는 것은 아주 긍정적인 변화로 당신을 이끌어줄 겁니다.

• POINT •
지금까지 무탈하게 살아왔던 자신을 믿으며
'안심의 쐐기'를 박자.

앞날을 걱정한다고
결과가 좋아지지는 않는다

불안의 본래 역할을 생각하면 이는 안정적인 미래를 준비한다는 면에서 아주 중요합니다. 가령 큰 지진이 올까 봐 불안한 경우, 지진에 대비한 물품을 사고 여러 대책을 세우는 등 현실적으로 도움이 될 만한 준비를 해두어도 좋을 것입니다. 하지만 그 이상은 인간이 어쩌지를 못합니다. 언제 무엇이 일어날지 알 수 없으므로 완벽한 준비는 불가능합니다.

우리는 앞날을 미리 걱정하지 않으면 나쁜 결과가 나올 것이라고 생각하지요. 좋은 소식에 기뻐하는 사람에게 "그렇게 풀어져 있다가는 나중에 후회하게 될 거야. 한시도 방심하지 마"라는 충고를 하는 사람도 본 적이 있습니다. 이렇게 앞날을 걱정하지 않으면 실패한다고 믿으며 스스로 불안의 씨앗을 뿌리는 사람이 많습니다. 늘 머릿속을 불안으로 가득 채우지 않으면 나쁜 결과가 나올 것 같다고 생각하지요.

정말 일어나지도 않은 일을 걱정하면 결과가 좋아질까요? 아뇨, 그렇지 않습니다. 지진이 났을 때를 생각해보면 확실하게 알 수 있겠죠. 걱정한다고 미래에 일어날 지진이 일어나지 않는 것은 아닙니다. 걱정을 많이 하면 결과가 좋아진다는 건 있을 수 없는 일입니다.

우리는 지금에 집중할 때 가장 큰 힘을 발휘할 수 있습니다. 누구나 시간이 가는 것을 잊어버릴 정도로 뭔가에 집중한 경험이 있으리라 생각합니다. 그럴 때는 불안이고 뭐고 아무것도 느끼지 않고 무념무상의 상태로 눈앞의 일에만 집중하게 됩니다. 이때 우리는 갖고 있는 힘을 최고로 발휘할 수 있습니다.

앞날을 걱정하면 지금에 집중하지 못하고 마음이 흐트러져서 쓸데없이 에너지를 쓰게 됩니다. 그러면 결과도 안 좋아지겠죠. 앞에서도 말했지만 '지금'이란 매일을 기분 좋고 즐겁게 보내기 위한 중요한 키워드입니다. 불안을 느낀다면 지금에 집중합시다. 지금 현실적으로 할 수 있는 준비를 하면 그걸로 충분합니다. 반드시 가장 좋은 결과가 나올 것입니다.

• POINT •

앞날을 걱정하면 마음이 흐트러져서
쓸데없는 데 에너지를 쓰게 될 뿐이다.

PART 6

툭하면
외로워지는
사람들을 위한
심리 처방

외로움은
어디에서 찾아오는가?

문득 외톨이가 된 것 같은 기분에 휩싸일 때가 있습니다. 이대로 괜찮을까? 불안감을 느끼고 신경이 쓰이기 시작합니다. 이것은 아무리 나이를 먹어도 시시때때로 찾아오는 감정일 것입니다. 외로운 감정은 마음에 뻥 뚫린 구멍의 존재가 몹시 크게 느껴지고 신경이 쓰이는 상태라고 말할 수 있죠. 안 그래도 여린 마음에 외로움이 밀려오기 시작했을 때는 어떻게 해야 할까요?

대부분의 사람들에게 쓸쓸하다는 감정은 혼자 있는 것과

관련이 있는 듯합니다. 쓸쓸해지면 누구라도 붙잡고 이야기를 터놓고 싶기도 하고, 다른 사람과 친밀하게 나누는 감정이 필요하다는 생각이 듭니다. 사람과 관계에 대한 결핍이 느껴지기도 하죠.

그렇다면 이렇게 묻고 싶습니다. 혼자가 아니면 외로운 감정이 없어지나요? 실은 그렇지 않다는 걸 누구나 알고 있을 겁니다. 여러 사람과 함께 있어도 누구도 자신을 이해해주지 않는다는 생각이 들 때. 여럿이서 노는데 자기만 동떨어져 있다는 느낌이 들 때. 그럴 때는 혼자 있을 때보다 오히려 더 외롭습니다.

외로움의 이유를 깊숙이 들여다보면 아주 다양한 감정의 계기가 있지요. 외로움을 느끼는 순간은 실로 다양합니다. 하지만 한 가지 공통점이 있습니다. 바로 '연결되어 있지 않다'라는 점입니다. 외로움은 다른 사람과 연결되어 있지 않는 상황이며 뭔가와 연결되고 싶다는 마음입니다. 혹시 누군가와 함께 있더라도 마음이 통하지 않는다면 '연결되어 있지 않은 상태'로 봐도 무방합니다.

자신의 존재 가치가 없다고 생각할 때도 사회에 홀로 남겨진 느낌이 들죠. 이럴 때 역시 우리는 사회와 연결되어 있지 않다고 느낍니다. '태어나지 않았으면 좋았을 걸'이라며 심각하게 고독해질 때도 이 세상과 연결되어 있지 않음을 느낍니다. 다시 말해 외로움이란 어떤 의미로 연결되지 않은 것을 가리키는 감정입니다. 고로 외로운 감정에서 빠져나오기 위해서는 '연결'이 핵심이 됩니다.

여기서 말하는 연결은 눈으로 보이는 타인과의 연결만을 말하는 게 아닙니다. 혼자일 때도 느낄 수 있는 연결을 가리킵니다. 바로 자기 자신과의 연결이지요. 자신과의 연결이란 '있는 그대로의 나'를 받아들인다는 의미입니다. 자신의 어딘가를 부정하거나 채우려는 것이 아니라, 혹은 자기 자신에게 평가를 내리는 것이 아니라 있는 그대로의 나로 있는 것이 자기 자신과의 연결입니다. 다른 사람과 함께 있을 때, 진심으로 연결되었다고 느낄 수 있다면 그것은 상대가 있는 그대로의 나를 받아준다는 뜻입니다. 물론 그때는 상대와도 연결되어 있지만 있는 그대로의 나와도 연결되어 있습니다.

그런데 누군가가 있는 그대로의 나를 받아주지 않는다면 외로움이 배가 되기도 합니다. 아니면 자기 자신이 좋은 사람을 연기하느라 본심을 숨겼을 가능성도 있습니다. 좋은 사람을 연기하면 평판이 좋아지거나 표면적인 연결은 만들 수 있을지 모르나 마음속에는 채워지지 않는 외로움이 쌓이게 됩니다. 그러니 누군가와 만나서 외로움을 해소하고자 한다면 나를 있는 그대로 받아들여주는 사람과 함께 보내는 것이 필수적입니다. 자신을 있는 그대로 받아주는 사람들로 주변을 채울 수 있다면 더는 외롭지 않을 것입니다.

• POINT •

'있는 그대로의 나'로 있어야 외로운 감정이 사라진다.

인생에서 아무 의미도
찾을 수 없을 때

내가 하는 일이 이 세상에 어떤 도움이 될까?

이런 일은 내가 아니어도 할 수 있지 않을까?

나를 필요로 하는 사람이 있을까?

일을 하다 보면 이런 허무함을 느낄 때가 있습니다. 특히
늦은 밤까지 야근을 하고 돌아오는 길이면 이런저런 복잡한
생각이 들지요.

이런 허무함은 나라는 존재의 의미에 회의감을 느끼기 때

문에 생겨납니다. 이 세상에 자기 홀로 남겨진 듯한 감각이며 세상과의 연결고리를 잃은 감각이라고 할 수 있겠죠. 이런 감정이 들 때 나의 존재 가치에 초점을 맞추면 점점 더 외로워집니다. '나라는 존재는 아무 의미도 없다'라는 최악의 생각으로 치닫는 것은 시간문제이지요.

이럴 때도 역시 '지금'에 집중하는 것이 외로움에서 벗어나는 비결입니다. 그리고 지금을 살기 위해서는 '목적'을 생각하지 말아야 합니다. 목적은 미래의 결과와 관련이 있습니다. 일을 하면서도 '이 일이 어떤 의미가 있을까?', '어디에 도움이 될까?'라고 끊임없이 고민하면서 일한다는 건 현재에 집중하지 못한다는 증거입니다.

물론 지금 하는 일보다는 다른 사람에게 도움이 되는 일을 하고 싶다거나 더 의미를 느낄 수 있는 일을 하고 싶다는 바람을 갖고 전직하는 것에는 문제가 없습니다. 하지만 현실에서 매일 해내야 하는 일이 있다면 현재 삶의 질을 높여야 합니다. 그러기 위해서는 일에 끊임없이 회의감을 느끼는 대신에 당장 눈앞에 닥친 일을 하는 것에 집중해봅시다.

여러 번 말하지만 인생의 질은 지금을 얼마나 소중히 하느냐로 정해집니다. 지금만이 행복과 진심에서 우러나온 만족감을 음미할 수 있는 시간입니다. 그 내용이 어떠한가보다 지금 눈앞의 일에 힘을 쏟느냐 마느냐가 마음의 충족감을 좌우합니다. 지금을 오래 의식하는 사람일수록 행복한 감정을 더 느낍니다. 느긋하게 나만의 시간을 보내는 것도 좋고 집중하느라 시간이 가는 줄도 모르는 몰입의 순간을 느끼는 것도 좋습니다. 그러기 위해 '지금'을 신중히 쌓아 올리면 됩니다.

• POINT •

허무함과 회의감을 느낄 때는 당장 눈앞에
닥친 일을 해치워보자.

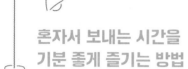

혼자서 보내는 시간을
기분 좋게 즐기는 방법

　1인 가구가 늘어나고 식당에서 혼자 밥을 먹는 것이 전혀 특별한 일이 아닌 시대가 되었습니다. 하지만 여전히 혼자가 어색하고 불편한 사람들이 있습니다. 혼자 있는 사람은 외롭다고 느끼는 인식이 혼자 있는 것을 더 어렵게 만드는 것 아닐까요. 혼자 행동하기가 어색하고 불편해서 무심코 누군가를 불러내거나 좋아하지도 않는 사람의 초대를 거절하지 못할 때도 있을 것입니다. 하지만 그런 식으로 다른 사람과 함께 있으면 외로움은 해소되기는커녕 더 커져갈 뿐입니다.

혼자서 보내는 시간을 어떻게 정의하느냐는 사람의 성격이나 취향, 생활환경에 따라서 상당히 다릅니다. 또한 혼자만의 시간을 어느 정도 가져야 안정이 되는지에도 개인차가 있습니다. 어떤 사람은 혼자 있는 시간이 죽을 만큼 외롭지만 어떤 사람은 혼자만의 시간이 없으면 도저히 견뎌낼 수 없다고 말합니다. 기본적으로는 혼자만의 시간을 좋아하는 사람이 더 훌륭한 것도 아니며 혼자만의 시간을 못 견디는 사람에게 어떤 감정적인 결함이 있는 것도 아닙니다.

여기에서는 '고독력'에 관해 생각해 보겠습니다. 이는 혼자만의 시간을 좋아하느냐 싫어하느냐 같은 취향의 문제가 아닙니다. 가능한 한 혼자서 보내라고 말하는 것도 아닙니다. 물론 다른 사람과 함께 있는 시간을 좋아하는 사람은 가능한 범위에서 그러한 환경을 만들어가면 됩니다. 하지만 온종일 누군가와 함께 있을 수는 없거니와 '혼자 지낼 수 없는 사람'은 다른 사람과 함께 있어도 결국 마음을 채우지 못합니다.

'고독력'이란 나 자신과 있는 그대로 함께 있을 수 있는 힘을 말합니다. 나 자신과 있는 그대로 함께 있을 수 없는 사람은 타인과 함께 있어도 자신과의 연결을 느끼지 못하는 고독한 상태가 됩니다. 고독력을 자신의 힘으로 사용할 줄 아는 사람이 되십시오. 나 자신과 잘 지내기 위해서는 그 누구보다 자신을 잘 관찰하고 관심을 가져야 합니다. 나의 목소리에 귀 기울여주고 내 기분에 신경을 써주세요. 나 자신과 잘 지내는 사람이 결국 가장 행복한 사람입니다.

• POINT •

혼자 행복할 수 없는 사람은
누군가와 함께 있어도 행복할 수 없다.

　혼자 있는 외로움을 달래기 위해 인간은 다양한 행동에 나서게 됩니다. 배가 고프지도 않은데 뭔가를 먹거나 쓸쓸한 마음을 채우려고 마구 소비하거나 알코올에 의지하기도 합니다. 일에 집착하게 되는 워커홀릭 또한 외로운 마음을 메우려는 시도일 때가 많습니다. 그런데 쇼핑이나 알코올, 일로 정말 마음이 채워지느냐 하면 그렇지는 않습니다. 그것은 채우는 체험이 아니라 일시적으로 모면하는 체험밖에 되지 않으니까요. 도리어 외로움이 강해지는 경우도 많습니다. 그러고는 쇼핑이나 알코올, 일에 더 깊이 의존하게 됩니다.

쇼핑이든 음주든 일이든 무언가에 의존하면 나를 있는 그대로 받아들이지 못하게 됩니다. 물론 같은 쇼핑이라도 나를 있는 그대로 사랑하는 연장선상에서 쇼핑을 한다면 마음을 채우는 체험이 됩니다. 쇼핑 또한 자신을 소중히 여기는 행동이며 자신과 쇼핑한 물건과 연결되어 있다고 느낄 수도 있겠죠. 하지만 쓸쓸함을 채우기 위해 쇼핑을 하는 경우라면, '이 것만 있으면 마음이 채워지겠지?'라며 부족한 나를 보완하기 위한 것이 대부분입니다. 그럴 때 물건과는 아무런 연결을 느낄 수가 없어서 자신을 소홀히 하기 십상입니다.

일에 관해서도 마찬가지입니다. 있는 그대로의 나로 있을 수 있는 일이라면 채워지는 체험이 되겠지만 외로움을 잠시 모면하기 위해 일을 하게 되면 뭔가에서 도망치려는 의도인 경우가 많습니다. 그러면 일을 통해 세상과 연결되는 체험을 할 수가 없습니다. 그저 외로움과 직면하지 않으려고 일로 시간을 때울 뿐입니다. 이것은 외로운 시간을 줄이기 위해 억지로 약속을 잡고 다니는 사람과 다르지 않습니다. 나를 있는 그대로 드러내지 못하면 결국 외로운 상황이 계속됩니다.

혼자라는 사실이 지나치게 신경이 쓰인다면 기분이 '지금'에서 멀리 동떨어져 있거나 '혼자는 나쁜 것이다' 안경을 쓰고 자신을 바라보기 때문입니다. 이때도 지금을 사는 것이 아주 중요한 키워드가 됩니다. 지금을 살면 있는 그대로의 나와도 연결될 수 있습니다. 뭔가에 집중해서 일을 한다거나 느긋하게 휴식을 취하며 좋은 기분을 느끼는 것이야말로 지금을 산다는 것입니다.

혼자 있을 때 지금을 즐기기가 더 쉬울지 모릅니다. 혼자 있는 동안에 뭔가에 집중하면 외로움을 느낄 겨를이 없습니다. 요리에 몰두하거나 느긋하게 목욕을 하면 외로움을 느끼지 않는다는 사람도 많을 겁니다. 고로 외로움이라는 감정은 '지금을 살지 않는 것'을 뜻하기도 합니다. 중요한 것은 '뭔가를 하느냐'가 아니라 '어떤 생각으로 하느냐'입니다. 무엇을 하든 고독함에서 해방되기 위해서는 지금을 사는 것이 필요합니다. 핵심은 '행동'이 아니라 '생각'임을 기억하세요.

받는 마음과 주는 마음에 대해 생각해본 적이 있나요? 마음의 무게를 받는 쪽으로 기울이느냐와 주는 쪽으로 기울이느냐에 따라 외로움의 감정이 달라질 수 있습니다. 우리는 뭔가를 받지 못해서 쓸쓸함을 느끼고 뭔가를 받으려고 합니다. 그 뭔가란 사랑일 수도 있고 다른 사람에게 받는 인정일 수도 있겠지요. 하지만 정말로 뭔가를 얻으려고 하면 도리어 쓸쓸해집니다. 뭔가를 얻으려고 하면 늘 '부족한 나'와 '채워지지 않는 나'가 의식되기 때문입니다. 한편 뭔가에 집중할 때는 쓸쓸함을 느끼지 않습니다. 그럴 때는 뭔가를 받으려고 하지 않기 때문입니다.

아니면 진심으로 무언가를 사랑할 때에도 외로움을 느끼지 않습니다. 외로움이 느껴지면 뭔가를 받으려고 하기보다는 주는 편이 효과가 좋습니다. 한동안 연락이 뜸했던 사람에게 마음을 담아 편지를 써봅시다. 소액이라도 좋으니 자선단체에 기부합시다. 평소에 그냥 방치해둔 물건을 소중히 여기는 마음으로 손질합시다. 방을 정리해야 하기 때문이 아니라나의 소중한 공간에 감사하는 마음으로 방을 청소합시다. 사소해 보이는 행동이지만 '주는 마음'으로 하는 행위가 외로움을 해소해줍니다. 청소라는 똑같은 행동을 해도 마음의 방향이 '받는 것'에서 '주는 것'이 되면 기분이 전혀 달라집니다.

물론 여기에서 '준다'는 것은 결과적으로 뭔가를 얻기 위해서가 아니라 그저 주기 위함입니다. 지금을 살기 위해 필요한 자세이지요. '무언가를 받기 위해'라는 목적이 생기면 미래의 결과에 저절로 눈길이 가게 됩니다. 아무런 보상을 바라지 않고 줄 때에야 마음은 완전히 지금을 살게 됩니다. 그래야 진심에서 우러나오는 만족감을 얻을 수 있습니다.

• POINT •

주는 즐거움을 깨달아야 인생이 따뜻해진다.

어떤 사람을
가까이 두어야 할까

우리는 완벽하지 않습니다. 부정적인 감정에 사로잡힌다는 점을 비롯하여 아주 다양한 면에 불완전하고 부족합니다. 하지만 그것은 주어진 환경 안에서 나름대로 열심히 산 결과입니다. 완벽하지 않은 점에만 주목하면 자꾸 이런 생각만 듭니다.

나는 이런 면이 부족하네.
나는 대체 왜 이런 걸까?

이렇게 자신을 못마땅해하면 끝이 없습니다. 수시로 자신의 부족한 점을 찾아내는 버릇은 거듭할수록 더 능숙해지고 쉬워집니다. 능력을 갈고닦으면 실력이 느는 것과 마찬가지로요. 불만족스러운 부분들을 찾아내는 습관을 끊어내는 것이 자신에게 쉽게 실망하는 성향을 고치는 첫걸음이 될 것입니다.

자, 이제부터는 자신을 있는 그대로 받아주는 연습을 해야 합니다. 잘난 부분을 확대해서 보지도 않을 것이며 못난 부분을 실제보다 크게 생각하지 않을 것입니다. 여러분을 있는 그대로 받아주는 사람과 함께 있었던 적이 있나요? 그런 상대와 함께 있으면 마음이 안정되고, 안심이 되면 더 잘 하고 싶다는 의욕이 생깁니다. 본래 마음속에 지니고 있던 유연함이 해방되는 것입니다.

연인 관계도 마찬가지입니다. 연인에게 미움받지 않으려고 전전긍긍하기보다 자신을 있는 그대로 사랑해주는 사람과 관계를 맺는 것은 아주 중요합니다. 즉 연애를 하게 되면 '연인은 나를 있는 그대로 사랑하는가?'라는 관점에서 바라봐야 합니다. 이는 쉽게 상처받고 다치는 연애 관계에서 나를 지키는 건강한 기준이 됩니다. 연애를 하며 '이 사람에게 차이면 어떡하지?'라거나 '이 사람이 나에게 질리면 어떡하지?' 같은 걱정을 더 이상 하지 않는 방법이기도 합니다. 이때 불행한 미래에만 주목하고 자신의 행복을 상대방에게 완전히 맡길 때와는 전혀 다른 관계가 펼쳐집니다. 한마디로, 다른 사람의 안색을 살피지 않음으로써 주체적이고 단단한 관계가 시작되는 것이죠.

이렇게 '나에게도 상대를 선택할 권리가 있다'라는 의식이 싹트면 마음이 편안해질 것입니다. 상대에게 미움받고 싶지 않다는 것에만 신경 쓴다면 '도마 위의 생선(요리사가 도마 위의 생선을 마음대로 요리하듯이 상대의 처분에 전적으로 맡겨진 상태를 가리킨다_옮긴이)'이 되는 꼴입니다.

중요한 것은 여러분이 있는 그대로 행동할 때 연인이 그것을 받아들여주느냐 아니냐입니다. 가족과는 달리 연인은 내게 맞는 상대를 찾아서 선택할 수 있습니다. 따라서 나 자신을 있는 그대로 받아주는 사람을 찾는 것이 본질적인 주제가 됩니다. 연인에게 미움을 받아서 마음이 힘들어지면 '이 사람이 나와 맞지 않다는 뜻일 뿐이야. 더 잘 맞는 사람을 찾으면 돼'라고 생각해보세요. 감정을 컨트롤하기가 더 편할 것입니다.

여러분 자신과 맞는 사람을 선택해야 좋다는 건 연애에만 국한된 이야기는 아닙니다. 최근에 친구의 인스타그램을 종일 들여다보면서 혼자 뒤떨어지는 듯한 불안감으로 우울해진다는 이야기를 자주 듣습니다. 이런 행동은 친구를 주연으로 만들고, 자신을 조연으로 만들어버립니다. 당신 인생의 주인공은 다름 아닌 자기 자신입니다. 그러니 어떤 사람을 내 인생에 가까이 두느냐는 것 또한 스스로 선택해야 합니다.

쓸데없는 물건은 버리고 마음에 드는 물건으로만 내 주변을 채우자는 이야기를 들어본 적 있을 겁니다. 인간관계에도 똑같이 적용되는 말입니다. 모처럼 사는 인생이니 함께 있으면 나답게 살 수 있는 사람들로 주변을 채우자고 결심하세요.

함께 있으면 자기답게 살 수 있는 사람들이란 자신의 있는 그대로를 인정해주는 사람들입니다. 특별히 자신을 꾸미거나 더 나아 보이려고 애쓰지 않아도 '그냥 그대로 있어도 괜찮아'라고 봐주는 사람들. 그런 사람들에게 지지와 인정을 받으면서 충만해지는 삶은, 물질적으로 풍요로운 삶보다 훨씬 의미 있고 살만한 인생입니다.

• POINT •

상대에게 미움받고 싶지 않다는 마음을 버려라.
나에게도 상대를 선택할 권리가 있다.

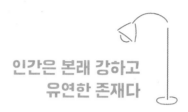

인간은 본래 강하고
유연한 존재다

　마지막으로 자신만이 아니라 소중한 사람을 안심시키는
방법을 전해드리려 합니다.

　당신과 있으면 왠지 모르게 안심이 됩니다.
　당신에게서 늘 힘을 얻습니다.

　가까운 사람들이 이렇게 말해준다면 참 기쁘겠죠. 이런 사
람이 될 수 있는 방법은 여태까지 다 써놓았습니다. 핵심만
파악하면 옆에 있기만 해도 편해지는 사람이 될 수 있습니다.

그 핵심을 다시 한 번 살펴보겠습니다.

다른 사람을 안심시킬 수 있는 사람은 자기 자신을 있는 그대로 받아주는 사람입니다. 앞에서 했던 설명을 뒤집었다고 보면 쉬울 듯합니다. 나를 있는 그대로 받아줄 수 있는 사람은 상대방도 있는 그대로 받아줄 수 있습니다. 누군가가 나 자신을 있는 그대로 받아주었을 때 인간은 가장 편안함을 느낍니다.

상대방을 있는 그대로 받아들인다는 것은 상대가 부정적인 감정에 사로잡힌다고 해도 그대로 받아준다는 말입니다. 긍정적인 생각을 해야 한다고 일방적으로 밀어붙이거나 상대가 필요로 하지 않는 조언과 충고를 남발해서는 안 됩니다. 상대는 자기 자신을 바꾸려 하는 것에 저항하게 되며 쉽게 변하지 못하는 자신을 책망할지도 모릅니다.

서로에게는 각자의 사정이 있음을 이해하고 곁에서 묵묵히 지켜봐주는 것은 어떨까요? 지금 상대의 마음이 무너졌다고 해도 거기에 주목하지 말고 '무한한 힘과 반짝이는 빛을 지닌 상대'를 그저 따뜻하게 지켜봐주면 그걸로 충분합니다. 상대방이 불안에 시달린다면 "그럴 때는 누구나 다 불안해져"라고 말해주고 곁에 있어줍시다. 상대방이 짜증을 낼 때 "힘들지. 고생했다"라고 따뜻하게 위로해주면 마음이 진정될 것입니다.

있는 그대로를 받아주면 인간은 스스로의 힘으로 마음의 유연함을 해방시킵니다. 사람에 따라서는 좀 더 시간이 오래 걸리는 경우도 있지만 원칙은 같습니다. 억지로 바꾸려고 하지 말고 있는 그대로 받아줄 것. 그러면 인간은 언젠가는 강한 모습을 회복합니다. 그러고는 하고 싶은 것을 힘차게 해나갈 수 있는 미래를 얻을 것입니다.

• POINT •

묵묵히 지켜봐주면 인간은 스스로의 힘으로 일어난다.

옮긴이 전경아

중앙대학교를 졸업하고 일본 요코하마 외국어학원 일본어학과를 수료했다. 현재 번역 에이전시 엔터스코리아 출판기획 및 일본어 전문 번역가로 활동하고 있다. 주요 역서로는 『미움 받을 용기1,2』 『내가 책을 읽는 이유』 『너무 신경 썼더니 지친다』 『지속가능형 인간』 『흔들리지 않는 연습』 등 다수가 있다.

유리멘탈을 위한 심리책

초판 1쇄 발행 2021년 1월 20일
초판 8쇄 발행 2024년 7월 1일

지은이 미즈시마 히로코
옮긴이 전경아

발행인 이봉주 **단행본사업본부장** 신동해
책임편집 이혜인 **디자인** ROOM 501
마케팅 최혜진 이인국 **홍보** 반여진 허지호 정지연 송임선
국제업무 김은정 김지민 **제작** 정석훈

브랜드 갤리온
주소 경기도 파주시 회동길 20
문의전화 031-956-7208(편집) 031-956-7089(마케팅)
홈페이지 www.wjbooks.co.kr
인스타그램 www.instagram.com/woongjin_readers
페이스북 www.facebook.com/woongjinreaders
블로그 blog.naver.com/wj_booking
발행처 ㈜웅진씽크빅 출판신고 1980년 3월 29일 제406-2007-000046호

ISBN 978-89-01-24815-8 03180